CE JOURNAL APPARTIENT À :

D1722096

📅 DATE		COSTUME / TENUE	
🕐 DURÉE			
🩰 STUDIO			
👤 PROF			

ÉTIREMENT	☐ 10 MIN	☐ 15 MIN	☐ 30 MIN	☐ > 30 MIN
ÉCHAUFFEMENT	☐ 10 MIN	☐ 15 MIN	☐ 30 MIN	☐ > 30 MIN

SÉANCE DU JOUR

N°	PAS & MOUVEMENTS	ÉVALUATION PERFORMANCE
1		1 2 3 4 5
2		1 2 3 4 5
3		1 2 3 4 5
4		1 2 3 4 5
5		1 2 3 4 5
6		1 2 3 4 5
7		1 2 3 4 5
8		1 2 3 4 5
9		1 2 3 4 5
10		1 2 3 4 5
11		1 2 3 4 5
12		1 2 3 4 5
13		1 2 3 4 5
14		1 2 3 4 5
15		1 2 3 4 5

FORCES

☐ ÉQUILIBRE	/5	☐ SOUPLESSE	/5
☐ TECHNIQUE	/5	☐ MUSICALITÉ	/5
☐ PERSISTANCE	/5	☐ EXPRESSION	/5

NOTES COMPLÉMENTAIRES

DATE		COSTUME / TENUE
DURÉE		
STUDIO		
PROF		

ÉTIREMENT	☐ 10 MIN	☐ 15 MIN	☐ 30 MIN	☐ > 30 MIN
ÉCHAUFFEMENT	☐ 10 MIN	☐ 15 MIN	☐ 30 MIN	☐ > 30 MIN

SÉANCE DU JOUR

N°	PAS & MOUVEMENTS	ÉVALUATION PERFORMANCE
1		1 2 3 4 5
2		1 2 3 4 5
3		1 2 3 4 5
4		1 2 3 4 5
5		1 2 3 4 5
6		1 2 3 4 5
7		1 2 3 4 5
8		1 2 3 4 5
9		1 2 3 4 5
10		1 2 3 4 5
11		1 2 3 4 5
12		1 2 3 4 5
13		1 2 3 4 5
14		1 2 3 4 5
15		1 2 3 4 5

FORCES

☐ ÉQUILIBRE	/5	☐ SOUPLESSE	/5
☐ TECHNIQUE	/5	☐ MUSICALITÉ	/5
☐ PERSISTANCE	/5	☐ EXPRESSION	/5

NOTES COMPLÉMENTAIRES

	DATE	COSTUME / TENUE
📅	DATE	
🕐	DURÉE	
🩰	STUDIO	
👤	PROF	

ÉTIREMENT	☐ 10 MIN	☐ 15 MIN	☐ 30 MIN	☐ > 30 MIN
ÉCHAUFFEMENT	☐ 10 MIN	☐ 15 MIN	☐ 30 MIN	☐ > 30 MIN

SÉANCE DU JOUR

N°	PAS & MOUVEMENTS	ÉVALUATION PERFORMANCE
①		1 2 3 4 5
②		1 2 3 4 5
③		1 2 3 4 5
④		1 2 3 4 5
⑤		1 2 3 4 5
⑥		1 2 3 4 5
⑦		1 2 3 4 5
⑧		1 2 3 4 5
⑨		1 2 3 4 5
⑩		1 2 3 4 5
⑪		1 2 3 4 5
⑫		1 2 3 4 5
⑬		1 2 3 4 5
⑭		1 2 3 4 5
⑮		1 2 3 4 5

FORCES

☐ ÉQUILIBRE	/5	☐ SOUPLESSE	/5
☐ TECHNIQUE	/5	☐ MUSICALITÉ	/5
☐ PERSISTANCE	/5	☐ EXPRESSION	/5

NOTES COMPLÉMENTAIRES

📅 DATE	COSTUME / TENUE
🕐 DURÉE	
🩰 STUDIO	
👤 PROF	

ÉTIREMENT	☐ 10 MIN	☐ 15 MIN	☐ 30 MIN	☐ > 30 MIN
ÉCHAUFFEMENT	☐ 10 MIN	☐ 15 MIN	☐ 30 MIN	☐ > 30 MIN

SÉANCE DU JOUR

N°	PAS & MOUVEMENTS	ÉVALUATION PERFORMANCE
1		1 2 3 4 5
2		1 2 3 4 5
3		1 2 3 4 5
4		1 2 3 4 5
5		1 2 3 4 5
6		1 2 3 4 5
7		1 2 3 4 5
8		1 2 3 4 5
9		1 2 3 4 5
10		1 2 3 4 5
11		1 2 3 4 5
12		1 2 3 4 5
13		1 2 3 4 5
14		1 2 3 4 5
15		1 2 3 4 5

FORCES

☐ ÉQUILIBRE	/5	☐ SOUPLESSE	/5
☐ TECHNIQUE	/5	☐ MUSICALITÉ	/5
☐ PERSISTANCE	/5	☐ EXPRESSION	/5

NOTES COMPLÉMENTAIRES

	DATE		COSTUME / TENUE
	DURÉE		
	STUDIO		
	PROF		

ÉTIREMENT	☐ 10 MIN	☐ 15 MIN	☐ 30 MIN	☐ > 30 MIN
ÉCHAUFFEMENT	☐ 10 MIN	☐ 15 MIN	☐ 30 MIN	☐ > 30 MIN

SÉANCE DU JOUR

N°	PAS & MOUVEMENTS	ÉVALUATION PERFORMANCE
1		1 2 3 4 5
2		1 2 3 4 5
3		1 2 3 4 5
4		1 2 3 4 5
5		1 2 3 4 5
6		1 2 3 4 5
7		1 2 3 4 5
8		1 2 3 4 5
9		1 2 3 4 5
10		1 2 3 4 5
11		1 2 3 4 5
12		1 2 3 4 5
13		1 2 3 4 5
14		1 2 3 4 5
15		1 2 3 4 5

FORCES

☐ ÉQUILIBRE	/5	☐ SOUPLESSE	/5
☐ TECHNIQUE	/5	☐ MUSICALITÉ	/5
☐ PERSISTANCE	/5	☐ EXPRESSION	/5

NOTES COMPLÉMENTAIRES

📅 DATE	**COSTUME / TENUE**
🕐 DURÉE	
💃 STUDIO	
🧑‍🏫 PROF	

ÉTIREMENT	☐ 10 MIN	☐ 15 MIN	☐ 30 MIN	☐ > 30 MIN
ÉCHAUFFEMENT	☐ 10 MIN	☐ 15 MIN	☐ 30 MIN	☐ > 30 MIN

SÉANCE DU JOUR

N°	PAS & MOUVEMENTS	ÉVALUATION PERFORMANCE
①		1 2 3 4 5
②		1 2 3 4 5
③		1 2 3 4 5
④		1 2 3 4 5
⑤		1 2 3 4 5
⑥		1 2 3 4 5
⑦		1 2 3 4 5
⑧		1 2 3 4 5
⑨		1 2 3 4 5
⑩		1 2 3 4 5
⑪		1 2 3 4 5
⑫		1 2 3 4 5
⑬		1 2 3 4 5
⑭		1 2 3 4 5
⑮		1 2 3 4 5

FORCES

☐ ÉQUILIBRE	/5	☐ SOUPLESSE	/5
☐ TECHNIQUE	/5	☐ MUSICALITÉ	/5
☐ PERSISTANCE	/5	☐ EXPRESSION	/5

NOTES COMPLÉMENTAIRES

	DATE	COSTUME / TENUE
	DURÉE	
	STUDIO	
	PROF	

ÉTIREMENT	☐ 10 MIN ☐ 15 MIN ☐ 30 MIN ☐ > 30 MIN
ÉCHAUFFEMENT	☐ 10 MIN ☐ 15 MIN ☐ 30 MIN ☐ > 30 MIN

SÉANCE DU JOUR

N°	PAS & MOUVEMENTS	ÉVALUATION PERFORMANCE
1		1 2 3 4 5
2		1 2 3 4 5
3		1 2 3 4 5
4		1 2 3 4 5
5		1 2 3 4 5
6		1 2 3 4 5
7		1 2 3 4 5
8		1 2 3 4 5
9		1 2 3 4 5
10		1 2 3 4 5
11		1 2 3 4 5
12		1 2 3 4 5
13		1 2 3 4 5
14		1 2 3 4 5
15		1 2 3 4 5

FORCES

☐ ÉQUILIBRE	/5	☐ SOUPLESSE	/5
☐ TECHNIQUE	/5	☐ MUSICALITÉ	/5
☐ PERSISTANCE	/5	☐ EXPRESSION	/5

NOTES COMPLÉMENTAIRES

DATE	COSTUME / TENUE
DURÉE	
STUDIO	
PROF	

ÉTIREMENT	☐ 10 MIN	☐ 15 MIN	☐ 30 MIN	☐ > 30 MIN
ÉCHAUFFEMENT	☐ 10 MIN	☐ 15 MIN	☐ 30 MIN	☐ > 30 MIN

SÉANCE DU JOUR

N°	PAS & MOUVEMENTS	ÉVALUATION PERFORMANCE
1		1 2 3 4 5
2		1 2 3 4 5
3		1 2 3 4 5
4		1 2 3 4 5
5		1 2 3 4 5
6		1 2 3 4 5
7		1 2 3 4 5
8		1 2 3 4 5
9		1 2 3 4 5
10		1 2 3 4 5
11		1 2 3 4 5
12		1 2 3 4 5
13		1 2 3 4 5
14		1 2 3 4 5
15		1 2 3 4 5

FORCES

		NOTES COMPLÉMENTAIRES
☐ ÉQUILIBRE /5	☐ SOUPLESSE /5	
☐ TECHNIQUE /5	☐ MUSICALITÉ /5	
☐ PERSISTANCE /5	☐ EXPRESSION /5	

📅 DATE	**COSTUME / TENUE**
⏱ DURÉE	
💃 STUDIO	
🧑‍🏫 PROF	

ÉTIREMENT	☐	10 MIN	☐	15 MIN	☐	30 MIN	☐	> 30 MIN
ÉCHAUFFEMENT	☐	10 MIN	☐	15 MIN	☐	30 MIN	☐	> 30 MIN

SÉANCE DU JOUR

N°	PAS & MOUVEMENTS	ÉVALUATION PERFORMANCE
1		1 2 3 4 5
2		1 2 3 4 5
3		1 2 3 4 5
4		1 2 3 4 5
5		1 2 3 4 5
6		1 2 3 4 5
7		1 2 3 4 5
8		1 2 3 4 5
9		1 2 3 4 5
10		1 2 3 4 5
11		1 2 3 4 5
12		1 2 3 4 5
13		1 2 3 4 5
14		1 2 3 4 5
15		1 2 3 4 5

FORCES

☐ ÉQUILIBRE	/5	☐ SOUPLESSE	/5
☐ TECHNIQUE	/5	☐ MUSICALITÉ	/5
☐ PERSISTANCE	/5	☐ EXPRESSION	/5

NOTES COMPLÉMENTAIRES

📅 DATE	COSTUME / TENUE
🕐 DURÉE	
🩰 STUDIO	
👤 PROF	

	10 MIN	15 MIN	30 MIN	> 30 MIN
ÉTIREMENT	☐	☐	☐	☐
ÉCHAUFFEMENT	☐	☐	☐	☐

SÉANCE DU JOUR

N°	PAS & MOUVEMENTS	ÉVALUATION PERFORMANCE
1		1 2 3 4 5
2		1 2 3 4 5
3		1 2 3 4 5
4		1 2 3 4 5
5		1 2 3 4 5
6		1 2 3 4 5
7		1 2 3 4 5
8		1 2 3 4 5
9		1 2 3 4 5
10		1 2 3 4 5
11		1 2 3 4 5
12		1 2 3 4 5
13		1 2 3 4 5
14		1 2 3 4 5
15		1 2 3 4 5

FORCES

☐ ÉQUILIBRE	/5	☐ SOUPLESSE	/5
☐ TECHNIQUE	/5	☐ MUSICALITÉ	/5
☐ PERSISTANCE	/5	☐ EXPRESSION	/5

NOTES COMPLÉMENTAIRES

📅 **DATE**	**COSTUME / TENUE**
🕐 **DURÉE**	
🩰 **STUDIO**	
🧑‍🏫 **PROF**	

ÉTIREMENT	☐ 10 MIN	☐ 15 MIN	☐ 30 MIN	☐ > 30 MIN
ÉCHAUFFEMENT	☐ 10 MIN	☐ 15 MIN	☐ 30 MIN	☐ > 30 MIN

SÉANCE DU JOUR

N°	PAS & MOUVEMENTS	ÉVALUATION PERFORMANCE
1		1 2 3 4 5
2		1 2 3 4 5
3		1 2 3 4 5
4		1 2 3 4 5
5		1 2 3 4 5
6		1 2 3 4 5
7		1 2 3 4 5
8		1 2 3 4 5
9		1 2 3 4 5
10		1 2 3 4 5
11		1 2 3 4 5
12		1 2 3 4 5
13		1 2 3 4 5
14		1 2 3 4 5
15		1 2 3 4 5

FORCES		NOTES COMPLÉMENTAIRES
☐ ÉQUILIBRE /5	☐ SOUPLESSE /5	
☐ TECHNIQUE /5	☐ MUSICALITÉ /5	
☐ PERSISTANCE /5	☐ EXPRESSION /5	

📅 **DATE**	**COSTUME / TENUE**	
🕐 **DURÉE**		
🩰 **STUDIO**		
👤 **PROF**		

ÉTIREMENT	☐ 10 MIN	☐ 15 MIN	☐ 30 MIN	☐ > 30 MIN
ÉCHAUFFEMENT	☐ 10 MIN	☐ 15 MIN	☐ 30 MIN	☐ > 30 MIN

SÉANCE DU JOUR

N°	PAS & MOUVEMENTS	ÉVALUATION PERFORMANCE
1		1 2 3 4 5
2		1 2 3 4 5
3		1 2 3 4 5
4		1 2 3 4 5
5		1 2 3 4 5
6		1 2 3 4 5
7		1 2 3 4 5
8		1 2 3 4 5
9		1 2 3 4 5
10		1 2 3 4 5
11		1 2 3 4 5
12		1 2 3 4 5
13		1 2 3 4 5
14		1 2 3 4 5
15		1 2 3 4 5

FORCES		NOTES COMPLÉMENTAIRES
☐ ÉQUILIBRE /5 ☐ SOUPLESSE /5		
☐ TECHNIQUE /5 ☐ MUSICALITÉ /5		
☐ PERSISTANCE /5 ☐ EXPRESSION /5		

	DATE		COSTUME / TENUE
	DURÉE		
	STUDIO		
	PROF		

ÉTIREMENT	☐ 10 MIN	☐ 15 MIN	☐ 30 MIN	☐ > 30 MIN
ÉCHAUFFEMENT	☐ 10 MIN	☐ 15 MIN	☐ 30 MIN	☐ > 30 MIN

SÉANCE DU JOUR

N°	PAS & MOUVEMENTS	ÉVALUATION PERFORMANCE
1		1 2 3 4 5
2		1 2 3 4 5
3		1 2 3 4 5
4		1 2 3 4 5
5		1 2 3 4 5
6		1 2 3 4 5
7		1 2 3 4 5
8		1 2 3 4 5
9		1 2 3 4 5
10		1 2 3 4 5
11		1 2 3 4 5
12		1 2 3 4 5
13		1 2 3 4 5
14		1 2 3 4 5
15		1 2 3 4 5

FORCES

☐ ÉQUILIBRE	/5	☐ SOUPLESSE	/5
☐ TECHNIQUE	/5	☐ MUSICALITÉ	/5
☐ PERSISTANCE	/5	☐ EXPRESSION	/5

NOTES COMPLÉMENTAIRES

📅 DATE	
🕐 DURÉE	
💃 STUDIO	
👤 PROF	

COSTUME / TENUE

ÉTIREMENT	☐ 10 MIN	☐ 15 MIN	☐ 30 MIN	☐ > 30 MIN
ÉCHAUFFEMENT	☐ 10 MIN	☐ 15 MIN	☐ 30 MIN	☐ > 30 MIN

SÉANCE DU JOUR

N°	PAS & MOUVEMENTS	ÉVALUATION PERFORMANCE
1		1 2 3 4 5
2		1 2 3 4 5
3		1 2 3 4 5
4		1 2 3 4 5
5		1 2 3 4 5
6		1 2 3 4 5
7		1 2 3 4 5
8		1 2 3 4 5
9		1 2 3 4 5
10		1 2 3 4 5
11		1 2 3 4 5
12		1 2 3 4 5
13		1 2 3 4 5
14		1 2 3 4 5
15		1 2 3 4 5

FORCES

☐ ÉQUILIBRE	/5	☐ SOUPLESSE	/5
☐ TECHNIQUE	/5	☐ MUSICALITÉ	/5
☐ PERSISTANCE	/5	☐ EXPRESSION	/5

NOTES COMPLÉMENTAIRES

	DATE		COSTUME / TENUE

	DURÉE
	STUDIO
	PROF

ÉTIREMENT	☐ 10 MIN	☐ 15 MIN	☐ 30 MIN	☐ > 30 MIN
ÉCHAUFFEMENT	☐ 10 MIN	☐ 15 MIN	☐ 30 MIN	☐ > 30 MIN

SÉANCE DU JOUR

N°	PAS & MOUVEMENTS	ÉVALUATION PERFORMANCE
1		1 2 3 4 5
2		1 2 3 4 5
3		1 2 3 4 5
4		1 2 3 4 5
5		1 2 3 4 5
6		1 2 3 4 5
7		1 2 3 4 5
8		1 2 3 4 5
9		1 2 3 4 5
10		1 2 3 4 5
11		1 2 3 4 5
12		1 2 3 4 5
13		1 2 3 4 5
14		1 2 3 4 5
15		1 2 3 4 5

FORCES

☐ ÉQUILIBRE	/5	☐ SOUPLESSE	/5
☐ TECHNIQUE	/5	☐ MUSICALITÉ	/5
☐ PERSISTANCE	/5	☐ EXPRESSION	/5

NOTES COMPLÉMENTAIRES

	DATE		COSTUME / TENUE
	DURÉE		
	STUDIO		
	PROF		

ÉTIREMENT	☐ 10 MIN	☐ 15 MIN	☐ 30 MIN	☐ > 30 MIN
ÉCHAUFFEMENT	☐ 10 MIN	☐ 15 MIN	☐ 30 MIN	☐ > 30 MIN

SÉANCE DU JOUR

N°	PAS & MOUVEMENTS	ÉVALUATION PERFORMANCE
1		1 2 3 4 5
2		1 2 3 4 5
3		1 2 3 4 5
4		1 2 3 4 5
5		1 2 3 4 5
6		1 2 3 4 5
7		1 2 3 4 5
8		1 2 3 4 5
9		1 2 3 4 5
10		1 2 3 4 5
11		1 2 3 4 5
12		1 2 3 4 5
13		1 2 3 4 5
14		1 2 3 4 5
15		1 2 3 4 5

FORCES		NOTES COMPLÉMENTAIRES
☐ ÉQUILIBRE /5	☐ SOUPLESSE /5	
☐ TECHNIQUE /5	☐ MUSICALITÉ /5	
☐ PERSISTANCE /5	☐ EXPRESSION /5	

	DATE		COSTUME / TENUE
	DURÉE		
	STUDIO		
	PROF		

ÉTIREMENT	☐ 10 MIN	☐ 15 MIN	☐ 30 MIN	☐ > 30 MIN
ÉCHAUFFEMENT	☐ 10 MIN	☐ 15 MIN	☐ 30 MIN	☐ > 30 MIN

SÉANCE DU JOUR

N°	PAS & MOUVEMENTS	ÉVALUATION PERFORMANCE
1		1 2 3 4 5
2		1 2 3 4 5
3		1 2 3 4 5
4		1 2 3 4 5
5		1 2 3 4 5
6		1 2 3 4 5
7		1 2 3 4 5
8		1 2 3 4 5
9		1 2 3 4 5
10		1 2 3 4 5
11		1 2 3 4 5
12		1 2 3 4 5
13		1 2 3 4 5
14		1 2 3 4 5
15		1 2 3 4 5

FORCES

☐ ÉQUILIBRE	/5	☐ SOUPLESSE	/5
☐ TECHNIQUE	/5	☐ MUSICALITÉ	/5
☐ PERSISTANCE	/5	☐ EXPRESSION	/5

NOTES COMPLÉMENTAIRES

	DATE		COSTUME / TENUE
	DURÉE		
	STUDIO		
	PROF		

ÉTIREMENT	☐ 10 MIN	☐ 15 MIN	☐ 30 MIN	☐ > 30 MIN
ÉCHAUFFEMENT	☐ 10 MIN	☐ 15 MIN	☐ 30 MIN	☐ > 30 MIN

SÉANCE DU JOUR

N°	PAS & MOUVEMENTS	ÉVALUATION PERFORMANCE
①		1 2 3 4 5
②		1 2 3 4 5
③		1 2 3 4 5
④		1 2 3 4 5
⑤		1 2 3 4 5
⑥		1 2 3 4 5
⑦		1 2 3 4 5
⑧		1 2 3 4 5
⑨		1 2 3 4 5
⑩		1 2 3 4 5
⑪		1 2 3 4 5
⑫		1 2 3 4 5
⑬		1 2 3 4 5
⑭		1 2 3 4 5
⑮		1 2 3 4 5

FORCES

☐ ÉQUILIBRE	/5	☐ SOUPLESSE	/5
☐ TECHNIQUE	/5	☐ MUSICALITÉ	/5
☐ PERSISTANCE	/5	☐ EXPRESSION	/5

NOTES COMPLÉMENTAIRES

	DATE		COSTUME / TENUE
	DURÉE		
	STUDIO		
	PROF		

ÉTIREMENT	☐ 10 MIN	☐ 15 MIN	☐ 30 MIN	☐ > 30 MIN
ÉCHAUFFEMENT	☐ 10 MIN	☐ 15 MIN	☐ 30 MIN	☐ > 30 MIN

SÉANCE DU JOUR

N°	PAS & MOUVEMENTS	ÉVALUATION PERFORMANCE
1		1 2 3 4 5
2		1 2 3 4 5
3		1 2 3 4 5
4		1 2 3 4 5
5		1 2 3 4 5
6		1 2 3 4 5
7		1 2 3 4 5
8		1 2 3 4 5
9		1 2 3 4 5
10		1 2 3 4 5
11		1 2 3 4 5
12		1 2 3 4 5
13		1 2 3 4 5
14		1 2 3 4 5
15		1 2 3 4 5

FORCES

☐ ÉQUILIBRE	/5	☐ SOUPLESSE	/5
☐ TECHNIQUE	/5	☐ MUSICALITÉ	/5
☐ PERSISTANCE	/5	☐ EXPRESSION	/5

NOTES COMPLÉMENTAIRES

📅 DATE	**COSTUME / TENUE**
🕐 DURÉE	
🩰 STUDIO	
👤 PROF	

ÉTIREMENT	☐ 10 MIN	☐ 15 MIN	☐ 30 MIN	☐ > 30 MIN
ÉCHAUFFEMENT	☐ 10 MIN	☐ 15 MIN	☐ 30 MIN	☐ > 30 MIN

SÉANCE DU JOUR

N°	PAS & MOUVEMENTS	ÉVALUATION PERFORMANCE
①		1 2 3 4 5
②		1 2 3 4 5
③		1 2 3 4 5
④		1 2 3 4 5
⑤		1 2 3 4 5
⑥		1 2 3 4 5
⑦		1 2 3 4 5
⑧		1 2 3 4 5
⑨		1 2 3 4 5
⑩		1 2 3 4 5
⑪		1 2 3 4 5
⑫		1 2 3 4 5
⑬		1 2 3 4 5
⑭		1 2 3 4 5
⑮		1 2 3 4 5

FORCES		NOTES COMPLÉMENTAIRES
☐ ÉQUILIBRE /5 ☐ SOUPLESSE /5		
☐ TECHNIQUE /5 ☐ MUSICALITÉ /5		
☐ PERSISTANCE /5 ☐ EXPRESSION /5		

	DATE		COSTUME / TENUE
	DURÉE		
	STUDIO		
	PROF		

ÉTIREMENT	☐ 10 MIN	☐ 15 MIN	☐ 30 MIN	☐ > 30 MIN
ÉCHAUFFEMENT	☐ 10 MIN	☐ 15 MIN	☐ 30 MIN	☐ > 30 MIN

SÉANCE DU JOUR

N°	PAS & MOUVEMENTS	ÉVALUATION PERFORMANCE
1		1 2 3 4 5
2		1 2 3 4 5
3		1 2 3 4 5
4		1 2 3 4 5
5		1 2 3 4 5
6		1 2 3 4 5
7		1 2 3 4 5
8		1 2 3 4 5
9		1 2 3 4 5
10		1 2 3 4 5
11		1 2 3 4 5
12		1 2 3 4 5
13		1 2 3 4 5
14		1 2 3 4 5
15		1 2 3 4 5

FORCES

☐ ÉQUILIBRE	/5	☐ SOUPLESSE	/5
☐ TECHNIQUE	/5	☐ MUSICALITÉ	/5
☐ PERSISTANCE	/5	☐ EXPRESSION	/5

NOTES COMPLÉMENTAIRES

DATE	COSTUME / TENUE
DURÉE	
STUDIO	
PROF	

ÉTIREMENT	☐ 10 MIN	☐ 15 MIN	☐ 30 MIN	☐ > 30 MIN
ÉCHAUFFEMENT	☐ 10 MIN	☐ 15 MIN	☐ 30 MIN	☐ > 30 MIN

SÉANCE DU JOUR

N°	PAS & MOUVEMENTS	ÉVALUATION PERFORMANCE
1		1 2 3 4 5
2		1 2 3 4 5
3		1 2 3 4 5
4		1 2 3 4 5
5		1 2 3 4 5
6		1 2 3 4 5
7		1 2 3 4 5
8		1 2 3 4 5
9		1 2 3 4 5
10		1 2 3 4 5
11		1 2 3 4 5
12		1 2 3 4 5
13		1 2 3 4 5
14		1 2 3 4 5
15		1 2 3 4 5

FORCES

☐ ÉQUILIBRE	/5	☐ SOUPLESSE	/5
☐ TECHNIQUE	/5	☐ MUSICALITÉ	/5
☐ PERSISTANCE	/5	☐ EXPRESSION	/5

NOTES COMPLÉMENTAIRES

📅 DATE	COSTUME / TENUE
🕐 DURÉE	
💃 STUDIO	
🧑 PROF	

ÉTIREMENT	☐ 10 MIN	☐ 15 MIN	☐ 30 MIN	☐ > 30 MIN
ÉCHAUFFEMENT	☐ 10 MIN	☐ 15 MIN	☐ 30 MIN	☐ > 30 MIN

SÉANCE DU JOUR

N°	PAS & MOUVEMENTS	ÉVALUATION PERFORMANCE
1		1 2 3 4 5
2		1 2 3 4 5
3		1 2 3 4 5
4		1 2 3 4 5
5		1 2 3 4 5
6		1 2 3 4 5
7		1 2 3 4 5
8		1 2 3 4 5
9		1 2 3 4 5
10		1 2 3 4 5
11		1 2 3 4 5
12		1 2 3 4 5
13		1 2 3 4 5
14		1 2 3 4 5
15		1 2 3 4 5

FORCES

☐ ÉQUILIBRE /5	☐ SOUPLESSE /5
☐ TECHNIQUE /5	☐ MUSICALITÉ /5
☐ PERSISTANCE /5	☐ EXPRESSION /5

NOTES COMPLÉMENTAIRES

	DATE		COSTUME / TENUE
	DURÉE		
	STUDIO		
	PROF		

ÉTIREMENT	☐ 10 MIN	☐ 15 MIN	☐ 30 MIN	☐ > 30 MIN
ÉCHAUFFEMENT	☐ 10 MIN	☐ 15 MIN	☐ 30 MIN	☐ > 30 MIN

SÉANCE DU JOUR

N°	PAS & MOUVEMENTS	ÉVALUATION PERFORMANCE
1		1 2 3 4 5
2		1 2 3 4 5
3		1 2 3 4 5
4		1 2 3 4 5
5		1 2 3 4 5
6		1 2 3 4 5
7		1 2 3 4 5
8		1 2 3 4 5
9		1 2 3 4 5
10		1 2 3 4 5
11		1 2 3 4 5
12		1 2 3 4 5
13		1 2 3 4 5
14		1 2 3 4 5
15		1 2 3 4 5

FORCES		NOTES COMPLÉMENTAIRES
☐ ÉQUILIBRE /5	☐ SOUPLESSE /5	
☐ TECHNIQUE /5	☐ MUSICALITÉ /5	
☐ PERSISTANCE /5	☐ EXPRESSION /5	

📅 DATE	COSTUME / TENUE
⏱ DURÉE	
🩰 STUDIO	
👤 PROF	

ÉTIREMENT	☐ 10 MIN	☐ 15 MIN	☐ 30 MIN	☐ > 30 MIN
ÉCHAUFFEMENT	☐ 10 MIN	☐ 15 MIN	☐ 30 MIN	☐ > 30 MIN

SÉANCE DU JOUR

N°	PAS & MOUVEMENTS	ÉVALUATION PERFORMANCE
1		1 2 3 4 5
2		1 2 3 4 5
3		1 2 3 4 5
4		1 2 3 4 5
5		1 2 3 4 5
6		1 2 3 4 5
7		1 2 3 4 5
8		1 2 3 4 5
9		1 2 3 4 5
10		1 2 3 4 5
11		1 2 3 4 5
12		1 2 3 4 5
13		1 2 3 4 5
14		1 2 3 4 5
15		1 2 3 4 5

FORCES

☐ ÉQUILIBRE /5   ☐ SOUPLESSE /5

☐ TECHNIQUE /5   ☐ MUSICALITÉ /5

☐ PERSISTANCE /5   ☐ EXPRESSION /5

NOTES COMPLÉMENTAIRES

📅 DATE	**COSTUME / TENUE**
🕐 DURÉE	
👤 STUDIO	
👤 PROF	

ÉTIREMENT	☐ 10 MIN	☐ 15 MIN	☐ 30 MIN	☐ > 30 MIN
ÉCHAUFFEMENT	☐ 10 MIN	☐ 15 MIN	☐ 30 MIN	☐ > 30 MIN

SÉANCE DU JOUR

N°	PAS & MOUVEMENTS	ÉVALUATION PERFORMANCE
①		1　2　3　4　5
②		1　2　3　4　5
③		1　2　3　4　5
④		1　2　3　4　5
⑤		1　2　3　4　5
⑥		1　2　3　4　5
⑦		1　2　3　4　5
⑧		1　2　3　4　5
⑨		1　2　3　4　5
⑩		1　2　3　4　5
⑪		1　2　3　4　5
⑫		1　2　3　4　5
⑬		1　2　3　4　5
⑭		1　2　3　4　5
⑮		1　2　3　4　5

FORCES	NOTES COMPLÉMENTAIRES
☐ ÉQUILIBRE /5　☐ SOUPLESSE /5	
☐ TECHNIQUE /5　☐ MUSICALITÉ /5	
☐ PERSISTANCE /5　☐ EXPRESSION /5	

📅 DATE	COSTUME / TENUE
🕐 DURÉE	
💃 STUDIO	
👤 PROF	

ÉTIREMENT	☐ 10 MIN	☐ 15 MIN	☐ 30 MIN	☐ > 30 MIN
ÉCHAUFFEMENT	☐ 10 MIN	☐ 15 MIN	☐ 30 MIN	☐ > 30 MIN

SÉANCE DU JOUR

N°	PAS & MOUVEMENTS	ÉVALUATION PERFORMANCE
①		1 2 3 4 5
②		1 2 3 4 5
③		1 2 3 4 5
④		1 2 3 4 5
⑤		1 2 3 4 5
⑥		1 2 3 4 5
⑦		1 2 3 4 5
⑧		1 2 3 4 5
⑨		1 2 3 4 5
⑩		1 2 3 4 5
⑪		1 2 3 4 5
⑫		1 2 3 4 5
⑬		1 2 3 4 5
⑭		1 2 3 4 5
⑮		1 2 3 4 5

FORCES

☐ ÉQUILIBRE	/5	☐ SOUPLESSE	/5
☐ TECHNIQUE	/5	☐ MUSICALITÉ	/5
☐ PERSISTANCE	/5	☐ EXPRESSION	/5

NOTES COMPLÉMENTAIRES

	DATE		COSTUME / TENUE
	DURÉE		
	STUDIO		
	PROF		

ÉTIREMENT	☐ 10 MIN	☐ 15 MIN	☐ 30 MIN	☐ > 30 MIN
ÉCHAUFFEMENT	☐ 10 MIN	☐ 15 MIN	☐ 30 MIN	☐ > 30 MIN

SÉANCE DU JOUR

N°	PAS & MOUVEMENTS	ÉVALUATION PERFORMANCE
①		1 2 3 4 5
②		1 2 3 4 5
③		1 2 3 4 5
④		1 2 3 4 5
⑤		1 2 3 4 5
⑥		1 2 3 4 5
⑦		1 2 3 4 5
⑧		1 2 3 4 5
⑨		1 2 3 4 5
⑩		1 2 3 4 5
⑪		1 2 3 4 5
⑫		1 2 3 4 5
⑬		1 2 3 4 5
⑭		1 2 3 4 5
⑮		1 2 3 4 5

FORCES

☐ ÉQUILIBRE	/5	☐ SOUPLESSE	/5
☐ TECHNIQUE	/5	☐ MUSICALITÉ	/5
☐ PERSISTANCE	/5	☐ EXPRESSION	/5

NOTES COMPLÉMENTAIRES

	DATE		COSTUME / TENUE
	DURÉE		
	STUDIO		
	PROF		

ÉTIREMENT	☐ 10 MIN	☐ 15 MIN	☐ 30 MIN	☐ > 30 MIN
ÉCHAUFFEMENT	☐ 10 MIN	☐ 15 MIN	☐ 30 MIN	☐ > 30 MIN

SÉANCE DU JOUR

N°	PAS & MOUVEMENTS	ÉVALUATION PERFORMANCE
1		1 2 3 4 5
2		1 2 3 4 5
3		1 2 3 4 5
4		1 2 3 4 5
5		1 2 3 4 5
6		1 2 3 4 5
7		1 2 3 4 5
8		1 2 3 4 5
9		1 2 3 4 5
10		1 2 3 4 5
11		1 2 3 4 5
12		1 2 3 4 5
13		1 2 3 4 5
14		1 2 3 4 5
15		1 2 3 4 5

FORCES

☐ ÉQUILIBRE	/5	☐ SOUPLESSE	/5
☐ TECHNIQUE	/5	☐ MUSICALITÉ	/5
☐ PERSISTANCE	/5	☐ EXPRESSION	/5

NOTES COMPLÉMENTAIRES

📅 DATE	COSTUME / TENUE
🕐 DURÉE	
👤 STUDIO	
👤 PROF	

ÉTIREMENT	☐ 10 MIN	☐ 15 MIN	☐ 30 MIN	☐ > 30 MIN
ÉCHAUFFEMENT	☐ 10 MIN	☐ 15 MIN	☐ 30 MIN	☐ > 30 MIN

SÉANCE DU JOUR

N°	PAS & MOUVEMENTS	ÉVALUATION PERFORMANCE
1		1 2 3 4 5
2		1 2 3 4 5
3		1 2 3 4 5
4		1 2 3 4 5
5		1 2 3 4 5
6		1 2 3 4 5
7		1 2 3 4 5
8		1 2 3 4 5
9		1 2 3 4 5
10		1 2 3 4 5
11		1 2 3 4 5
12		1 2 3 4 5
13		1 2 3 4 5
14		1 2 3 4 5
15		1 2 3 4 5

FORCES

☐ ÉQUILIBRE /5	☐ SOUPLESSE /5
☐ TECHNIQUE /5	☐ MUSICALITÉ /5
☐ PERSISTANCE /5	☐ EXPRESSION /5

NOTES COMPLÉMENTAIRES

	DATE	COSTUME / TENUE
	DURÉE	
	STUDIO	
	PROF	

ÉTIREMENT	☐ 10 MIN	☐ 15 MIN	☐ 30 MIN	☐ > 30 MIN
ÉCHAUFFEMENT	☐ 10 MIN	☐ 15 MIN	☐ 30 MIN	☐ > 30 MIN

SÉANCE DU JOUR

N°	PAS & MOUVEMENTS	ÉVALUATION PERFORMANCE
1		1 2 3 4 5
2		1 2 3 4 5
3		1 2 3 4 5
4		1 2 3 4 5
5		1 2 3 4 5
6		1 2 3 4 5
7		1 2 3 4 5
8		1 2 3 4 5
9		1 2 3 4 5
10		1 2 3 4 5
11		1 2 3 4 5
12		1 2 3 4 5
13		1 2 3 4 5
14		1 2 3 4 5
15		1 2 3 4 5

FORCES

☐ ÉQUILIBRE	/5	☐ SOUPLESSE	/5
☐ TECHNIQUE	/5	☐ MUSICALITÉ	/5
☐ PERSISTANCE	/5	☐ EXPRESSION	/5

NOTES COMPLÉMENTAIRES

📅 DATE	
🕐 DURÉE	
💃 STUDIO	
👨 PROF	

COSTUME / TENUE

ÉTIREMENT	☐ 10 MIN	☐ 15 MIN	☐ 30 MIN	☐ > 30 MIN
ÉCHAUFFEMENT	☐ 10 MIN	☐ 15 MIN	☐ 30 MIN	☐ > 30 MIN

SÉANCE DU JOUR

N°	PAS & MOUVEMENTS	ÉVALUATION PERFORMANCE
①		1 2 3 4 5
②		1 2 3 4 5
③		1 2 3 4 5
④		1 2 3 4 5
⑤		1 2 3 4 5
⑥		1 2 3 4 5
⑦		1 2 3 4 5
⑧		1 2 3 4 5
⑨		1 2 3 4 5
⑩		1 2 3 4 5
⑪		1 2 3 4 5
⑫		1 2 3 4 5
⑬		1 2 3 4 5
⑭		1 2 3 4 5
⑮		1 2 3 4 5

FORCES	
☐ ÉQUILIBRE /5	☐ SOUPLESSE /5
☐ TECHNIQUE /5	☐ MUSICALITÉ /5
☐ PERSISTANCE /5	☐ EXPRESSION /5

NOTES COMPLÉMENTAIRES

📅 **DATE**	**COSTUME / TENUE**
🕐 **DURÉE**	
💃 **STUDIO**	
👤 **PROF**	

ÉTIREMENT	☐ 10 MIN	☐ 15 MIN	☐ 30 MIN	☐ > 30 MIN
ÉCHAUFFEMENT	☐ 10 MIN	☐ 15 MIN	☐ 30 MIN	☐ > 30 MIN

SÉANCE DU JOUR

N°	PAS & MOUVEMENTS	ÉVALUATION PERFORMANCE
1		1 2 3 4 5
2		1 2 3 4 5
3		1 2 3 4 5
4		1 2 3 4 5
5		1 2 3 4 5
6		1 2 3 4 5
7		1 2 3 4 5
8		1 2 3 4 5
9		1 2 3 4 5
10		1 2 3 4 5
11		1 2 3 4 5
12		1 2 3 4 5
13		1 2 3 4 5
14		1 2 3 4 5
15		1 2 3 4 5

FORCES

☐ ÉQUILIBRE	/5	☐ SOUPLESSE	/5
☐ TECHNIQUE	/5	☐ MUSICALITÉ	/5
☐ PERSISTANCE	/5	☐ EXPRESSION	/5

NOTES COMPLÉMENTAIRES

	DATE		COSTUME / TENUE
	DURÉE		
	STUDIO		
	PROF		

ÉTIREMENT	☐ 10 MIN	☐ 15 MIN	☐ 30 MIN	☐ > 30 MIN
ÉCHAUFFEMENT	☐ 10 MIN	☐ 15 MIN	☐ 30 MIN	☐ > 30 MIN

SÉANCE DU JOUR

N°	PAS & MOUVEMENTS	ÉVALUATION PERFORMANCE
①		1 2 3 4 5
②		1 2 3 4 5
③		1 2 3 4 5
④		1 2 3 4 5
⑤		1 2 3 4 5
⑥		1 2 3 4 5
⑦		1 2 3 4 5
⑧		1 2 3 4 5
⑨		1 2 3 4 5
⑩		1 2 3 4 5
⑪		1 2 3 4 5
⑫		1 2 3 4 5
⑬		1 2 3 4 5
⑭		1 2 3 4 5
⑮		1 2 3 4 5

FORCES

☐ ÉQUILIBRE	/5	☐ SOUPLESSE	/5
☐ TECHNIQUE	/5	☐ MUSICALITÉ	/5
☐ PERSISTANCE	/5	☐ EXPRESSION	/5

NOTES COMPLÉMENTAIRES

📅 DATE	COSTUME / TENUE
🕐 DURÉE	
🩰 STUDIO	
👤 PROF	

ÉTIREMENT	☐ 10 MIN	☐ 15 MIN	☐ 30 MIN	☐ > 30 MIN
ÉCHAUFFEMENT	☐ 10 MIN	☐ 15 MIN	☐ 30 MIN	☐ > 30 MIN

SÉANCE DU JOUR

N°	PAS & MOUVEMENTS	ÉVALUATION PERFORMANCE
1		1 2 3 4 5
2		1 2 3 4 5
3		1 2 3 4 5
4		1 2 3 4 5
5		1 2 3 4 5
6		1 2 3 4 5
7		1 2 3 4 5
8		1 2 3 4 5
9		1 2 3 4 5
10		1 2 3 4 5
11		1 2 3 4 5
12		1 2 3 4 5
13		1 2 3 4 5
14		1 2 3 4 5
15		1 2 3 4 5

FORCES

☐ ÉQUILIBRE	/5	☐ SOUPLESSE	/5
☐ TECHNIQUE	/5	☐ MUSICALITÉ	/5
☐ PERSISTANCE	/5	☐ EXPRESSION	/5

NOTES COMPLÉMENTAIRES

📅 DATE		COSTUME / TENUE
🕐 DURÉE		
🩰 STUDIO		
👤 PROF		

ÉTIREMENT	☐ 10 MIN	☐ 15 MIN	☐ 30 MIN	☐ > 30 MIN
ÉCHAUFFEMENT	☐ 10 MIN	☐ 15 MIN	☐ 30 MIN	☐ > 30 MIN

SÉANCE DU JOUR

N°	PAS & MOUVEMENTS	ÉVALUATION PERFORMANCE
1		1 2 3 4 5
2		1 2 3 4 5
3		1 2 3 4 5
4		1 2 3 4 5
5		1 2 3 4 5
6		1 2 3 4 5
7		1 2 3 4 5
8		1 2 3 4 5
9		1 2 3 4 5
10		1 2 3 4 5
11		1 2 3 4 5
12		1 2 3 4 5
13		1 2 3 4 5
14		1 2 3 4 5
15		1 2 3 4 5

FORCES

☐ ÉQUILIBRE	/5	☐ SOUPLESSE	/5
☐ TECHNIQUE	/5	☐ MUSICALITÉ	/5
☐ PERSISTANCE	/5	☐ EXPRESSION	/5

NOTES COMPLÉMENTAIRES

📅 DATE	COSTUME / TENUE
⏱ DURÉE	
💃 STUDIO	
👤 PROF	

ÉTIREMENT	☐ 10 MIN	☐ 15 MIN	☐ 30 MIN	☐ > 30 MIN
ÉCHAUFFEMENT	☐ 10 MIN	☐ 15 MIN	☐ 30 MIN	☐ > 30 MIN

SÉANCE DU JOUR

N°	PAS & MOUVEMENTS	ÉVALUATION PERFORMANCE
①		1 2 3 4 5
②		1 2 3 4 5
③		1 2 3 4 5
④		1 2 3 4 5
⑤		1 2 3 4 5
⑥		1 2 3 4 5
⑦		1 2 3 4 5
⑧		1 2 3 4 5
⑨		1 2 3 4 5
⑩		1 2 3 4 5
⑪		1 2 3 4 5
⑫		1 2 3 4 5
⑬		1 2 3 4 5
⑭		1 2 3 4 5
⑮		1 2 3 4 5

FORCES

☐ ÉQUILIBRE	/5	☐ SOUPLESSE	/5
☐ TECHNIQUE	/5	☐ MUSICALITÉ	/5
☐ PERSISTANCE	/5	☐ EXPRESSION	/5

NOTES COMPLÉMENTAIRES

	DATE		COSTUME / TENUE
	DURÉE		
	STUDIO		
	PROF		

ÉTIREMENT	☐ 10 MIN	☐ 15 MIN	☐ 30 MIN	☐ > 30 MIN
ÉCHAUFFEMENT	☐ 10 MIN	☐ 15 MIN	☐ 30 MIN	☐ > 30 MIN

SÉANCE DU JOUR

N°	PAS & MOUVEMENTS	ÉVALUATION PERFORMANCE
1		1 2 3 4 5
2		1 2 3 4 5
3		1 2 3 4 5
4		1 2 3 4 5
5		1 2 3 4 5
6		1 2 3 4 5
7		1 2 3 4 5
8		1 2 3 4 5
9		1 2 3 4 5
10		1 2 3 4 5
11		1 2 3 4 5
12		1 2 3 4 5
13		1 2 3 4 5
14		1 2 3 4 5
15		1 2 3 4 5

FORCES

☐ ÉQUILIBRE	/5	☐ SOUPLESSE	/5
☐ TECHNIQUE	/5	☐ MUSICALITÉ	/5
☐ PERSISTANCE	/5	☐ EXPRESSION	/5

NOTES COMPLÉMENTAIRES

	DATE	COSTUME / TENUE
	DURÉE	
	STUDIO	
	PROF	

ÉTIREMENT	☐ 10 MIN	☐ 15 MIN	☐ 30 MIN	☐ > 30 MIN
ÉCHAUFFEMENT	☐ 10 MIN	☐ 15 MIN	☐ 30 MIN	☐ > 30 MIN

SÉANCE DU JOUR

N°	PAS & MOUVEMENTS	ÉVALUATION PERFORMANCE
1		1 2 3 4 5
2		1 2 3 4 5
3		1 2 3 4 5
4		1 2 3 4 5
5		1 2 3 4 5
6		1 2 3 4 5
7		1 2 3 4 5
8		1 2 3 4 5
9		1 2 3 4 5
10		1 2 3 4 5
11		1 2 3 4 5
12		1 2 3 4 5
13		1 2 3 4 5
14		1 2 3 4 5
15		1 2 3 4 5

FORCES

☐ ÉQUILIBRE	/5	☐ SOUPLESSE	/5
☐ TECHNIQUE	/5	☐ MUSICALITÉ	/5
☐ PERSISTANCE	/5	☐ EXPRESSION	/5

NOTES COMPLÉMENTAIRES

	DATE		COSTUME / TENUE
	DURÉE		
	STUDIO		
	PROF		

ÉTIREMENT	☐ 10 MIN	☐ 15 MIN	☐ 30 MIN	☐ > 30 MIN
ÉCHAUFFEMENT	☐ 10 MIN	☐ 15 MIN	☐ 30 MIN	☐ > 30 MIN

SÉANCE DU JOUR

N°	PAS & MOUVEMENTS	ÉVALUATION PERFORMANCE
1		1 2 3 4 5
2		1 2 3 4 5
3		1 2 3 4 5
4		1 2 3 4 5
5		1 2 3 4 5
6		1 2 3 4 5
7		1 2 3 4 5
8		1 2 3 4 5
9		1 2 3 4 5
10		1 2 3 4 5
11		1 2 3 4 5
12		1 2 3 4 5
13		1 2 3 4 5
14		1 2 3 4 5
15		1 2 3 4 5

FORCES

☐ ÉQUILIBRE /5	☐ SOUPLESSE /5
☐ TECHNIQUE /5	☐ MUSICALITÉ /5
☐ PERSISTANCE /5	☐ EXPRESSION /5

NOTES COMPLÉMENTAIRES

📅 DATE	COSTUME / TENUE
🕐 DURÉE	
🩰 STUDIO	
👤 PROF	

ÉTIREMENT	☐ 10 MIN	☐ 15 MIN	☐ 30 MIN	☐ > 30 MIN
ÉCHAUFFEMENT	☐ 10 MIN	☐ 15 MIN	☐ 30 MIN	☐ > 30 MIN

SÉANCE DU JOUR

N°	PAS & MOUVEMENTS	ÉVALUATION PERFORMANCE
1		1 2 3 4 5
2		1 2 3 4 5
3		1 2 3 4 5
4		1 2 3 4 5
5		1 2 3 4 5
6		1 2 3 4 5
7		1 2 3 4 5
8		1 2 3 4 5
9		1 2 3 4 5
10		1 2 3 4 5
11		1 2 3 4 5
12		1 2 3 4 5
13		1 2 3 4 5
14		1 2 3 4 5
15		1 2 3 4 5

FORCES

☐ ÉQUILIBRE	/5	☐ SOUPLESSE	/5
☐ TECHNIQUE	/5	☐ MUSICALITÉ	/5
☐ PERSISTANCE	/5	☐ EXPRESSION	/5

NOTES COMPLÉMENTAIRES

	DATE		COSTUME / TENUE
	DURÉE		
	STUDIO		
	PROF		

ÉTIREMENT	☐ 10 MIN	☐ 15 MIN	☐ 30 MIN	☐ > 30 MIN
ÉCHAUFFEMENT	☐ 10 MIN	☐ 15 MIN	☐ 30 MIN	☐ > 30 MIN

SÉANCE DU JOUR

N°	PAS & MOUVEMENTS	ÉVALUATION PERFORMANCE
1		1 2 3 4 5
2		1 2 3 4 5
3		1 2 3 4 5
4		1 2 3 4 5
5		1 2 3 4 5
6		1 2 3 4 5
7		1 2 3 4 5
8		1 2 3 4 5
9		1 2 3 4 5
10		1 2 3 4 5
11		1 2 3 4 5
12		1 2 3 4 5
13		1 2 3 4 5
14		1 2 3 4 5
15		1 2 3 4 5

FORCES		NOTES COMPLÉMENTAIRES
☐ ÉQUILIBRE /5	☐ SOUPLESSE /5	
☐ TECHNIQUE /5	☐ MUSICALITÉ /5	
☐ PERSISTANCE /5	☐ EXPRESSION /5	

📅 **DATE**	**COSTUME / TENUE**
⏱ **DURÉE**	
💃 **STUDIO**	
👮 **PROF**	

	10 MIN	15 MIN	30 MIN	> 30 MIN
ÉTIREMENT	☐	☐	☐	☐
ÉCHAUFFEMENT	☐	☐	☐	☐

SÉANCE DU JOUR

N°	PAS & MOUVEMENTS	ÉVALUATION PERFORMANCE
1		1 2 3 4 5
2		1 2 3 4 5
3		1 2 3 4 5
4		1 2 3 4 5
5		1 2 3 4 5
6		1 2 3 4 5
7		1 2 3 4 5
8		1 2 3 4 5
9		1 2 3 4 5
10		1 2 3 4 5
11		1 2 3 4 5
12		1 2 3 4 5
13		1 2 3 4 5
14		1 2 3 4 5
15		1 2 3 4 5

FORCES

☐ ÉQUILIBRE	/5	☐ SOUPLESSE	/5
☐ TECHNIQUE	/5	☐ MUSICALITÉ	/5
☐ PERSISTANCE	/5	☐ EXPRESSION	/5

NOTES COMPLÉMENTAIRES

📅 DATE		COSTUME / TENUE	
🕐 DURÉE			
🩰 STUDIO			
👤 PROF			

ÉTIREMENT	☐ 10 MIN	☐ 15 MIN	☐ 30 MIN	☐ > 30 MIN
ÉCHAUFFEMENT	☐ 10 MIN	☐ 15 MIN	☐ 30 MIN	☐ > 30 MIN

SÉANCE DU JOUR

N°	PAS & MOUVEMENTS	ÉVALUATION PERFORMANCE
①		1 2 3 4 5
②		1 2 3 4 5
③		1 2 3 4 5
④		1 2 3 4 5
⑤		1 2 3 4 5
⑥		1 2 3 4 5
⑦		1 2 3 4 5
⑧		1 2 3 4 5
⑨		1 2 3 4 5
⑩		1 2 3 4 5
⑪		1 2 3 4 5
⑫		1 2 3 4 5
⑬		1 2 3 4 5
⑭		1 2 3 4 5
⑮		1 2 3 4 5

FORCES

☐ ÉQUILIBRE	/5	☐ SOUPLESSE	/5
☐ TECHNIQUE	/5	☐ MUSICALITÉ	/5
☐ PERSISTANCE	/5	☐ EXPRESSION	/5

NOTES COMPLÉMENTAIRES

📅 DATE		COSTUME / TENUE
🕐 DURÉE		
💃 STUDIO		
🧑‍🏫 PROF		

ÉTIREMENT	☐ 10 MIN	☐ 15 MIN	☐ 30 MIN	☐ > 30 MIN
ÉCHAUFFEMENT	☐ 10 MIN	☐ 15 MIN	☐ 30 MIN	☐ > 30 MIN

SÉANCE DU JOUR

N°	PAS & MOUVEMENTS	ÉVALUATION PERFORMANCE
1		1 2 3 4 5
2		1 2 3 4 5
3		1 2 3 4 5
4		1 2 3 4 5
5		1 2 3 4 5
6		1 2 3 4 5
7		1 2 3 4 5
8		1 2 3 4 5
9		1 2 3 4 5
10		1 2 3 4 5
11		1 2 3 4 5
12		1 2 3 4 5
13		1 2 3 4 5
14		1 2 3 4 5
15		1 2 3 4 5

FORCES

☐ ÉQUILIBRE	/5	☐ SOUPLESSE	/5
☐ TECHNIQUE	/5	☐ MUSICALITÉ	/5
☐ PERSISTANCE	/5	☐ EXPRESSION	/5

NOTES COMPLÉMENTAIRES

📅 DATE	COSTUME / TENUE
🕐 DURÉE	
👤 STUDIO	
👤 PROF	

ÉTIREMENT	☐ 10 MIN	☐ 15 MIN	☐ 30 MIN	☐ > 30 MIN
ÉCHAUFFEMENT	☐ 10 MIN	☐ 15 MIN	☐ 30 MIN	☐ > 30 MIN

SÉANCE DU JOUR

N°	PAS & MOUVEMENTS	ÉVALUATION PERFORMANCE
1		1 2 3 4 5
2		1 2 3 4 5
3		1 2 3 4 5
4		1 2 3 4 5
5		1 2 3 4 5
6		1 2 3 4 5
7		1 2 3 4 5
8		1 2 3 4 5
9		1 2 3 4 5
10		1 2 3 4 5
11		1 2 3 4 5
12		1 2 3 4 5
13		1 2 3 4 5
14		1 2 3 4 5
15		1 2 3 4 5

FORCES

☐ ÉQUILIBRE	/5	☐ SOUPLESSE	/5
☐ TECHNIQUE	/5	☐ MUSICALITÉ	/5
☐ PERSISTANCE	/5	☐ EXPRESSION	/5

NOTES COMPLÉMENTAIRES

	DATE		COSTUME / TENUE
	DURÉE		
	STUDIO		
	PROF		

ÉTIREMENT	☐ 10 MIN	☐ 15 MIN	☐ 30 MIN	☐ > 30 MIN
ÉCHAUFFEMENT	☐ 10 MIN	☐ 15 MIN	☐ 30 MIN	☐ > 30 MIN

SÉANCE DU JOUR

N°	PAS & MOUVEMENTS	ÉVALUATION PERFORMANCE
1		1 2 3 4 5
2		1 2 3 4 5
3		1 2 3 4 5
4		1 2 3 4 5
5		1 2 3 4 5
6		1 2 3 4 5
7		1 2 3 4 5
8		1 2 3 4 5
9		1 2 3 4 5
10		1 2 3 4 5
11		1 2 3 4 5
12		1 2 3 4 5
13		1 2 3 4 5
14		1 2 3 4 5
15		1 2 3 4 5

FORCES

☐ ÉQUILIBRE	/5	☐ SOUPLESSE /5
☐ TECHNIQUE	/5	☐ MUSICALITÉ /5
☐ PERSISTANCE	/5	☐ EXPRESSION /5

NOTES COMPLÉMENTAIRES

📅 DATE		COSTUME / TENUE
🕐 DURÉE		
🩰 STUDIO		
👤 PROF		

ÉTIREMENT	☐ 10 MIN	☐ 15 MIN	☐ 30 MIN	☐ > 30 MIN
ÉCHAUFFEMENT	☐ 10 MIN	☐ 15 MIN	☐ 30 MIN	☐ > 30 MIN

SÉANCE DU JOUR

N°	PAS & MOUVEMENTS	ÉVALUATION PERFORMANCE
①		1 2 3 4 5
②		1 2 3 4 5
③		1 2 3 4 5
④		1 2 3 4 5
⑤		1 2 3 4 5
⑥		1 2 3 4 5
⑦		1 2 3 4 5
⑧		1 2 3 4 5
⑨		1 2 3 4 5
⑩		1 2 3 4 5
⑪		1 2 3 4 5
⑫		1 2 3 4 5
⑬		1 2 3 4 5
⑭		1 2 3 4 5
⑮		1 2 3 4 5

FORCES

☐ ÉQUILIBRE	/5	☐ SOUPLESSE	/5
☐ TECHNIQUE	/5	☐ MUSICALITÉ	/5
☐ PERSISTANCE	/5	☐ EXPRESSION	/5

NOTES COMPLÉMENTAIRES

	DATE		COSTUME / TENUE
	DURÉE		
	STUDIO		
	PROF		

ÉTIREMENT	☐ 10 MIN	☐ 15 MIN	☐ 30 MIN	☐ > 30 MIN
ÉCHAUFFEMENT	☐ 10 MIN	☐ 15 MIN	☐ 30 MIN	☐ > 30 MIN

SÉANCE DU JOUR

N°	PAS & MOUVEMENTS	ÉVALUATION PERFORMANCE
1		1 2 3 4 5
2		1 2 3 4 5
3		1 2 3 4 5
4		1 2 3 4 5
5		1 2 3 4 5
6		1 2 3 4 5
7		1 2 3 4 5
8		1 2 3 4 5
9		1 2 3 4 5
10		1 2 3 4 5
11		1 2 3 4 5
12		1 2 3 4 5
13		1 2 3 4 5
14		1 2 3 4 5
15		1 2 3 4 5

FORCES		NOTES COMPLÉMENTAIRES
☐ ÉQUILIBRE /5	☐ SOUPLESSE /5	
☐ TECHNIQUE /5	☐ MUSICALITÉ /5	
☐ PERSISTANCE /5	☐ EXPRESSION /5	

📅 DATE		COSTUME / TENUE
🕐 DURÉE		
🩰 STUDIO		
👤 PROF		

ÉTIREMENT	☐ 10 MIN	☐ 15 MIN	☐ 30 MIN	☐ > 30 MIN
ÉCHAUFFEMENT	☐ 10 MIN	☐ 15 MIN	☐ 30 MIN	☐ > 30 MIN

SÉANCE DU JOUR

N°	PAS & MOUVEMENTS	ÉVALUATION PERFORMANCE
1		1 2 3 4 5
2		1 2 3 4 5
3		1 2 3 4 5
4		1 2 3 4 5
5		1 2 3 4 5
6		1 2 3 4 5
7		1 2 3 4 5
8		1 2 3 4 5
9		1 2 3 4 5
10		1 2 3 4 5
11		1 2 3 4 5
12		1 2 3 4 5
13		1 2 3 4 5
14		1 2 3 4 5
15		1 2 3 4 5

FORCES

☐ ÉQUILIBRE	/5	☐ SOUPLESSE	/5
☐ TECHNIQUE	/5	☐ MUSICALITÉ	/5
☐ PERSISTANCE	/5	☐ EXPRESSION	/5

NOTES COMPLÉMENTAIRES

📅 DATE	COSTUME / TENUE
⏱ DURÉE	
👗 STUDIO	
🧑 PROF	

ÉTIREMENT	☐ 10 MIN	☐ 15 MIN	☐ 30 MIN	☐ > 30 MIN
ÉCHAUFFEMENT	☐ 10 MIN	☐ 15 MIN	☐ 30 MIN	☐ > 30 MIN

SÉANCE DU JOUR

N°	PAS & MOUVEMENTS	ÉVALUATION PERFORMANCE
1		1 2 3 4 5
2		1 2 3 4 5
3		1 2 3 4 5
4		1 2 3 4 5
5		1 2 3 4 5
6		1 2 3 4 5
7		1 2 3 4 5
8		1 2 3 4 5
9		1 2 3 4 5
10		1 2 3 4 5
11		1 2 3 4 5
12		1 2 3 4 5
13		1 2 3 4 5
14		1 2 3 4 5
15		1 2 3 4 5

FORCES

☐ ÉQUILIBRE	/5	☐ SOUPLESSE	/5
☐ TECHNIQUE	/5	☐ MUSICALITÉ	/5
☐ PERSISTANCE	/5	☐ EXPRESSION	/5

NOTES COMPLÉMENTAIRES

	DATE		COSTUME / TENUE
	DURÉE		
	STUDIO		
	PROF		

ÉTIREMENT	☐ 10 MIN	☐ 15 MIN	☐ 30 MIN	☐ > 30 MIN
ÉCHAUFFEMENT	☐ 10 MIN	☐ 15 MIN	☐ 30 MIN	☐ > 30 MIN

SÉANCE DU JOUR

N°	PAS & MOUVEMENTS	ÉVALUATION PERFORMANCE
1		1 2 3 4 5
2		1 2 3 4 5
3		1 2 3 4 5
4		1 2 3 4 5
5		1 2 3 4 5
6		1 2 3 4 5
7		1 2 3 4 5
8		1 2 3 4 5
9		1 2 3 4 5
10		1 2 3 4 5
11		1 2 3 4 5
12		1 2 3 4 5
13		1 2 3 4 5
14		1 2 3 4 5
15		1 2 3 4 5

FORCES

☐ ÉQUILIBRE	/5	☐ SOUPLESSE	/5
☐ TECHNIQUE	/5	☐ MUSICALITÉ	/5
☐ PERSISTANCE	/5	☐ EXPRESSION	/5

NOTES COMPLÉMENTAIRES

📅 DATE	COSTUME / TENUE
🕐 DURÉE	
💃 STUDIO	
🧑‍🏫 PROF	

ÉTIREMENT	☐ 10 MIN	☐ 15 MIN	☐ 30 MIN	☐ > 30 MIN
ÉCHAUFFEMENT	☐ 10 MIN	☐ 15 MIN	☐ 30 MIN	☐ > 30 MIN

SÉANCE DU JOUR

N°	PAS & MOUVEMENTS	ÉVALUATION PERFORMANCE
1		1 2 3 4 5
2		1 2 3 4 5
3		1 2 3 4 5
4		1 2 3 4 5
5		1 2 3 4 5
6		1 2 3 4 5
7		1 2 3 4 5
8		1 2 3 4 5
9		1 2 3 4 5
10		1 2 3 4 5
11		1 2 3 4 5
12		1 2 3 4 5
13		1 2 3 4 5
14		1 2 3 4 5
15		1 2 3 4 5

FORCES

☐ ÉQUILIBRE	/5	☐ SOUPLESSE	/5
☐ TECHNIQUE	/5	☐ MUSICALITÉ	/5
☐ PERSISTANCE	/5	☐ EXPRESSION	/5

NOTES COMPLÉMENTAIRES

	DATE		COSTUME / TENUE
	DURÉE		
	STUDIO		
	PROF		

ÉTIREMENT	☐ 10 MIN	☐ 15 MIN	☐ 30 MIN	☐ > 30 MIN
ÉCHAUFFEMENT	☐ 10 MIN	☐ 15 MIN	☐ 30 MIN	☐ > 30 MIN

SÉANCE DU JOUR

N°	PAS & MOUVEMENTS	ÉVALUATION PERFORMANCE
1		1 2 3 4 5
2		1 2 3 4 5
3		1 2 3 4 5
4		1 2 3 4 5
5		1 2 3 4 5
6		1 2 3 4 5
7		1 2 3 4 5
8		1 2 3 4 5
9		1 2 3 4 5
10		1 2 3 4 5
11		1 2 3 4 5
12		1 2 3 4 5
13		1 2 3 4 5
14		1 2 3 4 5
15		1 2 3 4 5

FORCES		NOTES COMPLÉMENTAIRES
☐ ÉQUILIBRE /5	☐ SOUPLESSE /5	
☐ TECHNIQUE /5	☐ MUSICALITÉ /5	
☐ PERSISTANCE /5	☐ EXPRESSION /5	

	DATE		COSTUME / TENUE
	DURÉE		
	STUDIO		
	PROF		

ÉTIREMENT	☐ 10 MIN	☐ 15 MIN	☐ 30 MIN	☐ > 30 MIN
ÉCHAUFFEMENT	☐ 10 MIN	☐ 15 MIN	☐ 30 MIN	☐ > 30 MIN

SÉANCE DU JOUR

N°	PAS & MOUVEMENTS	ÉVALUATION PERFORMANCE
1		1 2 3 4 5
2		1 2 3 4 5
3		1 2 3 4 5
4		1 2 3 4 5
5		1 2 3 4 5
6		1 2 3 4 5
7		1 2 3 4 5
8		1 2 3 4 5
9		1 2 3 4 5
10		1 2 3 4 5
11		1 2 3 4 5
12		1 2 3 4 5
13		1 2 3 4 5
14		1 2 3 4 5
15		1 2 3 4 5

FORCES

☐ ÉQUILIBRE	/5	☐ SOUPLESSE	/5
☐ TECHNIQUE	/5	☐ MUSICALITÉ	/5
☐ PERSISTANCE	/5	☐ EXPRESSION	/5

NOTES COMPLÉMENTAIRES

		COSTUME / TENUE
📅	DATE	
🕐	DURÉE	
🩰	STUDIO	
👤	PROF	

ÉTIREMENT	☐	10 MIN	☐	15 MIN	☐	30 MIN	☐	> 30 MIN
ÉCHAUFFEMENT	☐	10 MIN	☐	15 MIN	☐	30 MIN	☐	> 30 MIN

SÉANCE DU JOUR

N°	PAS & MOUVEMENTS	ÉVALUATION PERFORMANCE
1		1 2 3 4 5
2		1 2 3 4 5
3		1 2 3 4 5
4		1 2 3 4 5
5		1 2 3 4 5
6		1 2 3 4 5
7		1 2 3 4 5
8		1 2 3 4 5
9		1 2 3 4 5
10		1 2 3 4 5
11		1 2 3 4 5
12		1 2 3 4 5
13		1 2 3 4 5
14		1 2 3 4 5
15		1 2 3 4 5

FORCES

☐ ÉQUILIBRE	/5	☐ SOUPLESSE	/5
☐ TECHNIQUE	/5	☐ MUSICALITÉ	/5
☐ PERSISTANCE	/5	☐ EXPRESSION	/5

NOTES COMPLÉMENTAIRES

	DATE		COSTUME / TENUE
	DURÉE		
	STUDIO		
	PROF		

ÉTIREMENT	☐ 10 MIN	☐ 15 MIN	☐ 30 MIN	☐ > 30 MIN
ÉCHAUFFEMENT	☐ 10 MIN	☐ 15 MIN	☐ 30 MIN	☐ > 30 MIN

SÉANCE DU JOUR

N°	PAS & MOUVEMENTS	ÉVALUATION PERFORMANCE
1		1 2 3 4 5
2		1 2 3 4 5
3		1 2 3 4 5
4		1 2 3 4 5
5		1 2 3 4 5
6		1 2 3 4 5
7		1 2 3 4 5
8		1 2 3 4 5
9		1 2 3 4 5
10		1 2 3 4 5
11		1 2 3 4 5
12		1 2 3 4 5
13		1 2 3 4 5
14		1 2 3 4 5
15		1 2 3 4 5

FORCES		NOTES COMPLÉMENTAIRES
☐ ÉQUILIBRE /5 ☐ SOUPLESSE /5		
☐ TECHNIQUE /5 ☐ MUSICALITÉ /5		
☐ PERSISTANCE /5 ☐ EXPRESSION /5		

	DATE		COSTUME / TENUE
	DURÉE		
	STUDIO		
	PROF		

ÉTIREMENT	☐ 10 MIN	☐ 15 MIN	☐ 30 MIN	☐ > 30 MIN
ÉCHAUFFEMENT	☐ 10 MIN	☐ 15 MIN	☐ 30 MIN	☐ > 30 MIN

SÉANCE DU JOUR

N°	PAS & MOUVEMENTS	ÉVALUATION PERFORMANCE
1		1 2 3 4 5
2		1 2 3 4 5
3		1 2 3 4 5
4		1 2 3 4 5
5		1 2 3 4 5
6		1 2 3 4 5
7		1 2 3 4 5
8		1 2 3 4 5
9		1 2 3 4 5
10		1 2 3 4 5
11		1 2 3 4 5
12		1 2 3 4 5
13		1 2 3 4 5
14		1 2 3 4 5
15		1 2 3 4 5

FORCES		NOTES COMPLÉMENTAIRES
☐ ÉQUILIBRE /5	☐ SOUPLESSE /5	
☐ TECHNIQUE /5	☐ MUSICALITÉ /5	
☐ PERSISTANCE /5	☐ EXPRESSION /5	

	DATE	COSTUME / TENUE
	DURÉE	
	STUDIO	
	PROF	

ÉTIREMENT	☐ 10 MIN	☐ 15 MIN	☐ 30 MIN	☐ > 30 MIN
ÉCHAUFFEMENT	☐ 10 MIN	☐ 15 MIN	☐ 30 MIN	☐ > 30 MIN

SÉANCE DU JOUR

N°	PAS & MOUVEMENTS	ÉVALUATION PERFORMANCE
1		1 2 3 4 5
2		1 2 3 4 5
3		1 2 3 4 5
4		1 2 3 4 5
5		1 2 3 4 5
6		1 2 3 4 5
7		1 2 3 4 5
8		1 2 3 4 5
9		1 2 3 4 5
10		1 2 3 4 5
11		1 2 3 4 5
12		1 2 3 4 5
13		1 2 3 4 5
14		1 2 3 4 5
15		1 2 3 4 5

FORCES

☐ ÉQUILIBRE /5	☐ SOUPLESSE /5
☐ TECHNIQUE /5	☐ MUSICALITÉ /5
☐ PERSISTANCE /5	☐ EXPRESSION /5

NOTES COMPLÉMENTAIRES

📅 DATE	**COSTUME / TENUE**
🕐 DURÉE	
👤 STUDIO	
👤 PROF	

ÉTIREMENT	☐ 10 MIN	☐ 15 MIN	☐ 30 MIN	☐ > 30 MIN
ÉCHAUFFEMENT	☐ 10 MIN	☐ 15 MIN	☐ 30 MIN	☐ > 30 MIN

SÉANCE DU JOUR

N°	PAS & MOUVEMENTS	ÉVALUATION PERFORMANCE
①		1 2 3 4 5
②		1 2 3 4 5
③		1 2 3 4 5
④		1 2 3 4 5
⑤		1 2 3 4 5
⑥		1 2 3 4 5
⑦		1 2 3 4 5
⑧		1 2 3 4 5
⑨		1 2 3 4 5
⑩		1 2 3 4 5
⑪		1 2 3 4 5
⑫		1 2 3 4 5
⑬		1 2 3 4 5
⑭		1 2 3 4 5
⑮		1 2 3 4 5

FORCES		NOTES COMPLÉMENTAIRES
☐ ÉQUILIBRE /5 ☐ SOUPLESSE /5		
☐ TECHNIQUE /5 ☐ MUSICALITÉ /5		
☐ PERSISTANCE /5 ☐ EXPRESSION /5		

📅 DATE	COSTUME / TENUE
🕐 DURÉE	
💃 STUDIO	
🧑‍🏫 PROF	

ÉTIREMENT	☐ 10 MIN	☐ 15 MIN	☐ 30 MIN	☐ > 30 MIN
ÉCHAUFFEMENT	☐ 10 MIN	☐ 15 MIN	☐ 30 MIN	☐ > 30 MIN

SÉANCE DU JOUR

N°	PAS & MOUVEMENTS	ÉVALUATION PERFORMANCE
1		1 2 3 4 5
2		1 2 3 4 5
3		1 2 3 4 5
4		1 2 3 4 5
5		1 2 3 4 5
6		1 2 3 4 5
7		1 2 3 4 5
8		1 2 3 4 5
9		1 2 3 4 5
10		1 2 3 4 5
11		1 2 3 4 5
12		1 2 3 4 5
13		1 2 3 4 5
14		1 2 3 4 5
15		1 2 3 4 5

FORCES	NOTES COMPLÉMENTAIRES
☐ ÉQUILIBRE /5 ☐ SOUPLESSE /5	
☐ TECHNIQUE /5 ☐ MUSICALITÉ /5	
☐ PERSISTANCE /5 ☐ EXPRESSION /5	

📅 DATE	COSTUME / TENUE
🕐 DURÉE	
👤 STUDIO	
👤 PROF	

ÉTIREMENT	☐ 10 MIN	☐ 15 MIN	☐ 30 MIN	☐ > 30 MIN
ÉCHAUFFEMENT	☐ 10 MIN	☐ 15 MIN	☐ 30 MIN	☐ > 30 MIN

SÉANCE DU JOUR

N°	PAS & MOUVEMENTS	ÉVALUATION PERFORMANCE
1		1 2 3 4 5
2		1 2 3 4 5
3		1 2 3 4 5
4		1 2 3 4 5
5		1 2 3 4 5
6		1 2 3 4 5
7		1 2 3 4 5
8		1 2 3 4 5
9		1 2 3 4 5
10		1 2 3 4 5
11		1 2 3 4 5
12		1 2 3 4 5
13		1 2 3 4 5
14		1 2 3 4 5
15		1 2 3 4 5

FORCES	NOTES COMPLÉMENTAIRES
☐ ÉQUILIBRE /5 ☐ SOUPLESSE /5	
☐ TECHNIQUE /5 ☐ MUSICALITÉ /5	
☐ PERSISTANCE /5 ☐ EXPRESSION /5	

	COSTUME / TENUE
📅 DATE	
🕐 DURÉE	
🩰 STUDIO	
👤 PROF	

ÉTIREMENT	☐ 10 MIN	☐ 15 MIN	☐ 30 MIN	☐ > 30 MIN
ÉCHAUFFEMENT	☐ 10 MIN	☐ 15 MIN	☐ 30 MIN	☐ > 30 MIN

SÉANCE DU JOUR

N°	PAS & MOUVEMENTS	ÉVALUATION PERFORMANCE
1		1 2 3 4 5
2		1 2 3 4 5
3		1 2 3 4 5
4		1 2 3 4 5
5		1 2 3 4 5
6		1 2 3 4 5
7		1 2 3 4 5
8		1 2 3 4 5
9		1 2 3 4 5
10		1 2 3 4 5
11		1 2 3 4 5
12		1 2 3 4 5
13		1 2 3 4 5
14		1 2 3 4 5
15		1 2 3 4 5

FORCES

☐ ÉQUILIBRE	/5	☐ SOUPLESSE	/5
☐ TECHNIQUE	/5	☐ MUSICALITÉ	/5
☐ PERSISTANCE	/5	☐ EXPRESSION	/5

NOTES COMPLÉMENTAIRES

	DATE	COSTUME / TENUE
	DURÉE	
	STUDIO	
	PROF	

ÉTIREMENT	☐ 10 MIN	☐ 15 MIN	☐ 30 MIN	☐ > 30 MIN
ÉCHAUFFEMENT	☐ 10 MIN	☐ 15 MIN	☐ 30 MIN	☐ > 30 MIN

SÉANCE DU JOUR

N°	PAS & MOUVEMENTS	ÉVALUATION PERFORMANCE
1		1 2 3 4 5
2		1 2 3 4 5
3		1 2 3 4 5
4		1 2 3 4 5
5		1 2 3 4 5
6		1 2 3 4 5
7		1 2 3 4 5
8		1 2 3 4 5
9		1 2 3 4 5
10		1 2 3 4 5
11		1 2 3 4 5
12		1 2 3 4 5
13		1 2 3 4 5
14		1 2 3 4 5
15		1 2 3 4 5

FORCES		NOTES COMPLÉMENTAIRES
☐ ÉQUILIBRE /5	☐ SOUPLESSE /5	
☐ TECHNIQUE /5	☐ MUSICALITÉ /5	
☐ PERSISTANCE /5	☐ EXPRESSION /5	

	DATE		COSTUME / TENUE
	DURÉE		
	STUDIO		
	PROF		

ÉTIREMENT	☐ 10 MIN	☐ 15 MIN	☐ 30 MIN	☐ > 30 MIN
ÉCHAUFFEMENT	☐ 10 MIN	☐ 15 MIN	☐ 30 MIN	☐ > 30 MIN

SÉANCE DU JOUR

N°	PAS & MOUVEMENTS	ÉVALUATION PERFORMANCE
1		1 2 3 4 5
2		1 2 3 4 5
3		1 2 3 4 5
4		1 2 3 4 5
5		1 2 3 4 5
6		1 2 3 4 5
7		1 2 3 4 5
8		1 2 3 4 5
9		1 2 3 4 5
10		1 2 3 4 5
11		1 2 3 4 5
12		1 2 3 4 5
13		1 2 3 4 5
14		1 2 3 4 5
15		1 2 3 4 5

FORCES

☐ ÉQUILIBRE	/5	☐ SOUPLESSE	/5
☐ TECHNIQUE	/5	☐ MUSICALITÉ	/5
☐ PERSISTANCE	/5	☐ EXPRESSION	/5

NOTES COMPLÉMENTAIRES

📅 DATE		COSTUME / TENUE
🕐 DURÉE		
🩰 STUDIO		
👤 PROF		

ÉTIREMENT	☐ 10 MIN	☐ 15 MIN	☐ 30 MIN	☐ > 30 MIN
ÉCHAUFFEMENT	☐ 10 MIN	☐ 15 MIN	☐ 30 MIN	☐ > 30 MIN

SÉANCE DU JOUR

N°	PAS & MOUVEMENTS	ÉVALUATION PERFORMANCE
1		1 2 3 4 5
2		1 2 3 4 5
3		1 2 3 4 5
4		1 2 3 4 5
5		1 2 3 4 5
6		1 2 3 4 5
7		1 2 3 4 5
8		1 2 3 4 5
9		1 2 3 4 5
10		1 2 3 4 5
11		1 2 3 4 5
12		1 2 3 4 5
13		1 2 3 4 5
14		1 2 3 4 5
15		1 2 3 4 5

FORCES

☐ ÉQUILIBRE	/5	☐ SOUPLESSE	/5
☐ TECHNIQUE	/5	☐ MUSICALITÉ	/5
☐ PERSISTANCE	/5	☐ EXPRESSION	/5

NOTES COMPLÉMENTAIRES

	DATE		COSTUME / TENUE
	DURÉE		
	STUDIO		
	PROF		

ÉTIREMENT	☐ 10 MIN	☐ 15 MIN	☐ 30 MIN	☐ > 30 MIN
ÉCHAUFFEMENT	☐ 10 MIN	☐ 15 MIN	☐ 30 MIN	☐ > 30 MIN

SÉANCE DU JOUR

N°	PAS & MOUVEMENTS	ÉVALUATION PERFORMANCE
1		1 2 3 4 5
2		1 2 3 4 5
3		1 2 3 4 5
4		1 2 3 4 5
5		1 2 3 4 5
6		1 2 3 4 5
7		1 2 3 4 5
8		1 2 3 4 5
9		1 2 3 4 5
10		1 2 3 4 5
11		1 2 3 4 5
12		1 2 3 4 5
13		1 2 3 4 5
14		1 2 3 4 5
15		1 2 3 4 5

FORCES

☐ ÉQUILIBRE	/5	☐ SOUPLESSE	/5
☐ TECHNIQUE	/5	☐ MUSICALITÉ	/5
☐ PERSISTANCE	/5	☐ EXPRESSION	/5

NOTES COMPLÉMENTAIRES

	DATE	COSTUME / TENUE
	DURÉE	
	STUDIO	
	PROF	

ÉTIREMENT	☐ 10 MIN	☐ 15 MIN	☐ 30 MIN	☐ > 30 MIN
ÉCHAUFFEMENT	☐ 10 MIN	☐ 15 MIN	☐ 30 MIN	☐ > 30 MIN

SÉANCE DU JOUR

N°	PAS & MOUVEMENTS	ÉVALUATION PERFORMANCE
1		1 2 3 4 5
2		1 2 3 4 5
3		1 2 3 4 5
4		1 2 3 4 5
5		1 2 3 4 5
6		1 2 3 4 5
7		1 2 3 4 5
8		1 2 3 4 5
9		1 2 3 4 5
10		1 2 3 4 5
11		1 2 3 4 5
12		1 2 3 4 5
13		1 2 3 4 5
14		1 2 3 4 5
15		1 2 3 4 5

FORCES

☐ ÉQUILIBRE /5	☐ SOUPLESSE /5	
☐ TECHNIQUE /5	☐ MUSICALITÉ /5	
☐ PERSISTANCE /5	☐ EXPRESSION /5	

NOTES COMPLÉMENTAIRES

📅 DATE	COSTUME / TENUE
⏱️ DURÉE	
💃 STUDIO	
🧑‍🏫 PROF	

ÉTIREMENT	☐ 10 MIN	☐ 15 MIN	☐ 30 MIN	☐ > 30 MIN
ÉCHAUFFEMENT	☐ 10 MIN	☐ 15 MIN	☐ 30 MIN	☐ > 30 MIN

SÉANCE DU JOUR

N°	PAS & MOUVEMENTS	ÉVALUATION PERFORMANCE
1		1 2 3 4 5
2		1 2 3 4 5
3		1 2 3 4 5
4		1 2 3 4 5
5		1 2 3 4 5
6		1 2 3 4 5
7		1 2 3 4 5
8		1 2 3 4 5
9		1 2 3 4 5
10		1 2 3 4 5
11		1 2 3 4 5
12		1 2 3 4 5
13		1 2 3 4 5
14		1 2 3 4 5
15		1 2 3 4 5

FORCES

☐ ÉQUILIBRE /5	☐ SOUPLESSE /5
☐ TECHNIQUE /5	☐ MUSICALITÉ /5
☐ PERSISTANCE /5	☐ EXPRESSION /5

NOTES COMPLÉMENTAIRES

	DATE		COSTUME / TENUE
	DURÉE		
	STUDIO		
	PROF		

ÉTIREMENT	☐ 10 MIN	☐ 15 MIN	☐ 30 MIN	☐ > 30 MIN
ÉCHAUFFEMENT	☐ 10 MIN	☐ 15 MIN	☐ 30 MIN	☐ > 30 MIN

SÉANCE DU JOUR

N°	PAS & MOUVEMENTS	ÉVALUATION PERFORMANCE
1		1 2 3 4 5
2		1 2 3 4 5
3		1 2 3 4 5
4		1 2 3 4 5
5		1 2 3 4 5
6		1 2 3 4 5
7		1 2 3 4 5
8		1 2 3 4 5
9		1 2 3 4 5
10		1 2 3 4 5
11		1 2 3 4 5
12		1 2 3 4 5
13		1 2 3 4 5
14		1 2 3 4 5
15		1 2 3 4 5

FORCES

☐ ÉQUILIBRE	/5	☐ SOUPLESSE	/5
☐ TECHNIQUE	/5	☐ MUSICALITÉ	/5
☐ PERSISTANCE	/5	☐ EXPRESSION	/5

NOTES COMPLÉMENTAIRES

📅 DATE		COSTUME / TENUE
🕐 DURÉE		
💃 STUDIO		
🧑 PROF		

ÉTIREMENT	☐ 10 MIN	☐ 15 MIN	☐ 30 MIN	☐ > 30 MIN
ÉCHAUFFEMENT	☐ 10 MIN	☐ 15 MIN	☐ 30 MIN	☐ > 30 MIN

SÉANCE DU JOUR

N°	PAS & MOUVEMENTS	ÉVALUATION PERFORMANCE
①		1 2 3 4 5
②		1 2 3 4 5
③		1 2 3 4 5
④		1 2 3 4 5
⑤		1 2 3 4 5
⑥		1 2 3 4 5
⑦		1 2 3 4 5
⑧		1 2 3 4 5
⑨		1 2 3 4 5
⑩		1 2 3 4 5
⑪		1 2 3 4 5
⑫		1 2 3 4 5
⑬		1 2 3 4 5
⑭		1 2 3 4 5
⑮		1 2 3 4 5

FORCES

☐ ÉQUILIBRE	/5	☐ SOUPLESSE	/5
☐ TECHNIQUE	/5	☐ MUSICALITÉ	/5
☐ PERSISTANCE	/5	☐ EXPRESSION	/5

NOTES COMPLÉMENTAIRES

	DATE		COSTUME / TENUE
	DURÉE		
	STUDIO		
	PROF		

ÉTIREMENT	☐ 10 MIN	☐ 15 MIN	☐ 30 MIN	☐ > 30 MIN
ÉCHAUFFEMENT	☐ 10 MIN	☐ 15 MIN	☐ 30 MIN	☐ > 30 MIN

SÉANCE DU JOUR

N°	PAS & MOUVEMENTS	ÉVALUATION PERFORMANCE
1		1 2 3 4 5
2		1 2 3 4 5
3		1 2 3 4 5
4		1 2 3 4 5
5		1 2 3 4 5
6		1 2 3 4 5
7		1 2 3 4 5
8		1 2 3 4 5
9		1 2 3 4 5
10		1 2 3 4 5
11		1 2 3 4 5
12		1 2 3 4 5
13		1 2 3 4 5
14		1 2 3 4 5
15		1 2 3 4 5

FORCES		NOTES COMPLÉMENTAIRES
☐ ÉQUILIBRE /5	☐ SOUPLESSE /5	
☐ TECHNIQUE /5	☐ MUSICALITÉ /5	
☐ PERSISTANCE /5	☐ EXPRESSION /5	

	DATE		COSTUME / TENUE
	DURÉE		
	STUDIO		
	PROF		

ÉTIREMENT	☐ 10 MIN	☐ 15 MIN	☐ 30 MIN	☐ > 30 MIN
ÉCHAUFFEMENT	☐ 10 MIN	☐ 15 MIN	☐ 30 MIN	☐ > 30 MIN

SÉANCE DU JOUR

N°	PAS & MOUVEMENTS	ÉVALUATION PERFORMANCE
1		1 2 3 4 5
2		1 2 3 4 5
3		1 2 3 4 5
4		1 2 3 4 5
5		1 2 3 4 5
6		1 2 3 4 5
7		1 2 3 4 5
8		1 2 3 4 5
9		1 2 3 4 5
10		1 2 3 4 5
11		1 2 3 4 5
12		1 2 3 4 5
13		1 2 3 4 5
14		1 2 3 4 5
15		1 2 3 4 5

FORCES

☐ ÉQUILIBRE	/5	☐ SOUPLESSE	/5
☐ TECHNIQUE	/5	☐ MUSICALITÉ	/5
☐ PERSISTANCE	/5	☐ EXPRESSION	/5

NOTES COMPLÉMENTAIRES

📅 **DATE**	**COSTUME / TENUE**
🕐 **DURÉE**	
🩰 **STUDIO**	
💂 **PROF**	

ÉTIREMENT	☐ 10 MIN	☐ 15 MIN	☐ 30 MIN	☐ > 30 MIN
ÉCHAUFFEMENT	☐ 10 MIN	☐ 15 MIN	☐ 30 MIN	☐ > 30 MIN

SÉANCE DU JOUR

N°	PAS & MOUVEMENTS	ÉVALUATION PERFORMANCE
①		1 2 3 4 5
②		1 2 3 4 5
③		1 2 3 4 5
④		1 2 3 4 5
⑤		1 2 3 4 5
⑥		1 2 3 4 5
⑦		1 2 3 4 5
⑧		1 2 3 4 5
⑨		1 2 3 4 5
⑩		1 2 3 4 5
⑪		1 2 3 4 5
⑫		1 2 3 4 5
⑬		1 2 3 4 5
⑭		1 2 3 4 5
⑮		1 2 3 4 5

FORCES

☐ ÉQUILIBRE	/5	☐ SOUPLESSE	/5
☐ TECHNIQUE	/5	☐ MUSICALITÉ	/5
☐ PERSISTANCE	/5	☐ EXPRESSION	/5

NOTES COMPLÉMENTAIRES

	DATE	COSTUME / TENUE
	DURÉE	
	STUDIO	
	PROF	

ÉTIREMENT	☐ 10 MIN	☐ 15 MIN	☐ 30 MIN	☐ > 30 MIN
ÉCHAUFFEMENT	☐ 10 MIN	☐ 15 MIN	☐ 30 MIN	☐ > 30 MIN

SÉANCE DU JOUR

N°	PAS & MOUVEMENTS	ÉVALUATION PERFORMANCE
1		1 2 3 4 5
2		1 2 3 4 5
3		1 2 3 4 5
4		1 2 3 4 5
5		1 2 3 4 5
6		1 2 3 4 5
7		1 2 3 4 5
8		1 2 3 4 5
9		1 2 3 4 5
10		1 2 3 4 5
11		1 2 3 4 5
12		1 2 3 4 5
13		1 2 3 4 5
14		1 2 3 4 5
15		1 2 3 4 5

FORCES		NOTES COMPLÉMENTAIRES
☐ ÉQUILIBRE /5	☐ SOUPLESSE /5	
☐ TECHNIQUE /5	☐ MUSICALITÉ /5	
☐ PERSISTANCE /5	☐ EXPRESSION /5	

	DATE		COSTUME / TENUE
	DURÉE		
	STUDIO		
	PROF		

ÉTIREMENT	☐ 10 MIN	☐ 15 MIN	☐ 30 MIN	☐ > 30 MIN
ÉCHAUFFEMENT	☐ 10 MIN	☐ 15 MIN	☐ 30 MIN	☐ > 30 MIN

SÉANCE DU JOUR

N°	PAS & MOUVEMENTS	ÉVALUATION PERFORMANCE
1		1 2 3 4 5
2		1 2 3 4 5
3		1 2 3 4 5
4		1 2 3 4 5
5		1 2 3 4 5
6		1 2 3 4 5
7		1 2 3 4 5
8		1 2 3 4 5
9		1 2 3 4 5
10		1 2 3 4 5
11		1 2 3 4 5
12		1 2 3 4 5
13		1 2 3 4 5
14		1 2 3 4 5
15		1 2 3 4 5

FORCES

☐ ÉQUILIBRE	/5	☐ SOUPLESSE	/5
☐ TECHNIQUE	/5	☐ MUSICALITÉ	/5
☐ PERSISTANCE	/5	☐ EXPRESSION	/5

NOTES COMPLÉMENTAIRES

📅 DATE		COSTUME / TENUE
🕐 DURÉE		
💃 STUDIO		
👤 PROF		

ÉTIREMENT	☐ 10 MIN	☐ 15 MIN	☐ 30 MIN	☐ > 30 MIN
ÉCHAUFFEMENT	☐ 10 MIN	☐ 15 MIN	☐ 30 MIN	☐ > 30 MIN

SÉANCE DU JOUR

N°	PAS & MOUVEMENTS	ÉVALUATION PERFORMANCE
1		1 2 3 4 5
2		1 2 3 4 5
3		1 2 3 4 5
4		1 2 3 4 5
5		1 2 3 4 5
6		1 2 3 4 5
7		1 2 3 4 5
8		1 2 3 4 5
9		1 2 3 4 5
10		1 2 3 4 5
11		1 2 3 4 5
12		1 2 3 4 5
13		1 2 3 4 5
14		1 2 3 4 5
15		1 2 3 4 5

FORCES

☐ ÉQUILIBRE	/5	☐ SOUPLESSE	/5
☐ TECHNIQUE	/5	☐ MUSICALITÉ	/5
☐ PERSISTANCE	/5	☐ EXPRESSION	/5

NOTES COMPLÉMENTAIRES

	DATE		COSTUME / TENUE
	DURÉE		
	STUDIO		
	PROF		

ÉTIREMENT	☐ 10 MIN	☐ 15 MIN	☐ 30 MIN	☐ > 30 MIN
ÉCHAUFFEMENT	☐ 10 MIN	☐ 15 MIN	☐ 30 MIN	☐ > 30 MIN

SÉANCE DU JOUR

N°	PAS & MOUVEMENTS	ÉVALUATION PERFORMANCE
①		1　2　3　4　5
②		1　2　3　4　5
③		1　2　3　4　5
④		1　2　3　4　5
⑤		1　2　3　4　5
⑥		1　2　3　4　5
⑦		1　2　3　4　5
⑧		1　2　3　4　5
⑨		1　2　3　4　5
⑩		1　2　3　4　5
⑪		1　2　3　4　5
⑫		1　2　3　4　5
⑬		1　2　3　4　5
⑭		1　2　3　4　5
⑮		1　2　3　4　5

FORCES		NOTES COMPLÉMENTAIRES
☐ ÉQUILIBRE ⁄5　☐ SOUPLESSE ⁄5		
☐ TECHNIQUE ⁄5　☐ MUSICALITÉ ⁄5		
☐ PERSISTANCE ⁄5　☐ EXPRESSION ⁄5		

	DATE		COSTUME / TENUE
	DURÉE		
	STUDIO		
	PROF		

ÉTIREMENT	☐ 10 MIN	☐ 15 MIN	☐ 30 MIN	☐ > 30 MIN
ÉCHAUFFEMENT	☐ 10 MIN	☐ 15 MIN	☐ 30 MIN	☐ > 30 MIN

SÉANCE DU JOUR

N°	PAS & MOUVEMENTS	ÉVALUATION PERFORMANCE
1		1 2 3 4 5
2		1 2 3 4 5
3		1 2 3 4 5
4		1 2 3 4 5
5		1 2 3 4 5
6		1 2 3 4 5
7		1 2 3 4 5
8		1 2 3 4 5
9		1 2 3 4 5
10		1 2 3 4 5
11		1 2 3 4 5
12		1 2 3 4 5
13		1 2 3 4 5
14		1 2 3 4 5
15		1 2 3 4 5

FORCES

☐ ÉQUILIBRE	/5	☐ SOUPLESSE	/5
☐ TECHNIQUE	/5	☐ MUSICALITÉ	/5
☐ PERSISTANCE	/5	☐ EXPRESSION	/5

NOTES COMPLÉMENTAIRES

	DATE		COSTUME / TENUE
	DURÉE		
	STUDIO		
	PROF		

ÉTIREMENT	☐ 10 MIN	☐ 15 MIN	☐ 30 MIN	☐ > 30 MIN
ÉCHAUFFEMENT	☐ 10 MIN	☐ 15 MIN	☐ 30 MIN	☐ > 30 MIN

SÉANCE DU JOUR

N°	PAS & MOUVEMENTS	ÉVALUATION PERFORMANCE
1		1 2 3 4 5
2		1 2 3 4 5
3		1 2 3 4 5
4		1 2 3 4 5
5		1 2 3 4 5
6		1 2 3 4 5
7		1 2 3 4 5
8		1 2 3 4 5
9		1 2 3 4 5
10		1 2 3 4 5
11		1 2 3 4 5
12		1 2 3 4 5
13		1 2 3 4 5
14		1 2 3 4 5
15		1 2 3 4 5

FORCES

☐ ÉQUILIBRE	/5	☐ SOUPLESSE /5
☐ TECHNIQUE	/5	☐ MUSICALITÉ /5
☐ PERSISTANCE	/5	☐ EXPRESSION /5

NOTES COMPLÉMENTAIRES

📅 DATE		COSTUME / TENUE	
🕐 DURÉE			
💃 STUDIO			
🧑 PROF			

ÉTIREMENT	☐ 10 MIN	☐ 15 MIN	☐ 30 MIN	☐ > 30 MIN
ÉCHAUFFEMENT	☐ 10 MIN	☐ 15 MIN	☐ 30 MIN	☐ > 30 MIN

SÉANCE DU JOUR

N°	PAS & MOUVEMENTS	ÉVALUATION PERFORMANCE
①		1 2 3 4 5
②		1 2 3 4 5
③		1 2 3 4 5
④		1 2 3 4 5
⑤		1 2 3 4 5
⑥		1 2 3 4 5
⑦		1 2 3 4 5
⑧		1 2 3 4 5
⑨		1 2 3 4 5
⑩		1 2 3 4 5
⑪		1 2 3 4 5
⑫		1 2 3 4 5
⑬		1 2 3 4 5
⑭		1 2 3 4 5
⑮		1 2 3 4 5

FORCES

☐ ÉQUILIBRE	/5	☐ SOUPLESSE	/5
☐ TECHNIQUE	/5	☐ MUSICALITÉ	/5
☐ PERSISTANCE	/5	☐ EXPRESSION	/5

NOTES COMPLÉMENTAIRES

📅 DATE	COSTUME / TENUE
🕐 DURÉE	
💃 STUDIO	
👤 PROF	

ÉTIREMENT	☐ 10 MIN	☐ 15 MIN	☐ 30 MIN	☐ > 30 MIN
ÉCHAUFFEMENT	☐ 10 MIN	☐ 15 MIN	☐ 30 MIN	☐ > 30 MIN

SÉANCE DU JOUR

N°	PAS & MOUVEMENTS	ÉVALUATION PERFORMANCE
①		1 2 3 4 5
②		1 2 3 4 5
③		1 2 3 4 5
④		1 2 3 4 5
⑤		1 2 3 4 5
⑥		1 2 3 4 5
⑦		1 2 3 4 5
⑧		1 2 3 4 5
⑨		1 2 3 4 5
⑩		1 2 3 4 5
⑪		1 2 3 4 5
⑫		1 2 3 4 5
⑬		1 2 3 4 5
⑭		1 2 3 4 5
⑮		1 2 3 4 5

FORCES		NOTES COMPLÉMENTAIRES
☐ ÉQUILIBRE /5	☐ SOUPLESSE /5	
☐ TECHNIQUE /5	☐ MUSICALITÉ /5	
☐ PERSISTANCE /5	☐ EXPRESSION /5	

	DATE		COSTUME / TENUE
	DURÉE		
	STUDIO		
	PROF		

ÉTIREMENT	☐ 10 MIN	☐ 15 MIN	☐ 30 MIN	☐ > 30 MIN
ÉCHAUFFEMENT	☐ 10 MIN	☐ 15 MIN	☐ 30 MIN	☐ > 30 MIN

SÉANCE DU JOUR

N°	PAS & MOUVEMENTS	ÉVALUATION PERFORMANCE
1		1 2 3 4 5
2		1 2 3 4 5
3		1 2 3 4 5
4		1 2 3 4 5
5		1 2 3 4 5
6		1 2 3 4 5
7		1 2 3 4 5
8		1 2 3 4 5
9		1 2 3 4 5
10		1 2 3 4 5
11		1 2 3 4 5
12		1 2 3 4 5
13		1 2 3 4 5
14		1 2 3 4 5
15		1 2 3 4 5

FORCES

☐ ÉQUILIBRE	/5	☐ SOUPLESSE	/5
☐ TECHNIQUE	/5	☐ MUSICALITÉ	/5
☐ PERSISTANCE	/5	☐ EXPRESSION	/5

NOTES COMPLÉMENTAIRES

	DATE		COSTUME / TENUE
	DURÉE		
	STUDIO		
	PROF		

ÉTIREMENT	☐ 10 MIN	☐ 15 MIN	☐ 30 MIN	☐ > 30 MIN
ÉCHAUFFEMENT	☐ 10 MIN	☐ 15 MIN	☐ 30 MIN	☐ > 30 MIN

SÉANCE DU JOUR

N°	PAS & MOUVEMENTS	ÉVALUATION PERFORMANCE
1		1 2 3 4 5
2		1 2 3 4 5
3		1 2 3 4 5
4		1 2 3 4 5
5		1 2 3 4 5
6		1 2 3 4 5
7		1 2 3 4 5
8		1 2 3 4 5
9		1 2 3 4 5
10		1 2 3 4 5
11		1 2 3 4 5
12		1 2 3 4 5
13		1 2 3 4 5
14		1 2 3 4 5
15		1 2 3 4 5

FORCES		NOTES COMPLÉMENTAIRES
☐ ÉQUILIBRE /5	☐ SOUPLESSE /5	
☐ TECHNIQUE /5	☐ MUSICALITÉ /5	
☐ PERSISTANCE /5	☐ EXPRESSION /5	

	DATE		COSTUME / TENUE
	DURÉE		
	STUDIO		
	PROF		

ÉTIREMENT	☐ 10 MIN	☐ 15 MIN	☐ 30 MIN	☐ > 30 MIN
ÉCHAUFFEMENT	☐ 10 MIN	☐ 15 MIN	☐ 30 MIN	☐ > 30 MIN

SÉANCE DU JOUR

N°	PAS & MOUVEMENTS	ÉVALUATION PERFORMANCE
1		1 2 3 4 5
2		1 2 3 4 5
3		1 2 3 4 5
4		1 2 3 4 5
5		1 2 3 4 5
6		1 2 3 4 5
7		1 2 3 4 5
8		1 2 3 4 5
9		1 2 3 4 5
10		1 2 3 4 5
11		1 2 3 4 5
12		1 2 3 4 5
13		1 2 3 4 5
14		1 2 3 4 5
15		1 2 3 4 5

FORCES

☐ ÉQUILIBRE	/5	☐ SOUPLESSE	/5
☐ TECHNIQUE	/5	☐ MUSICALITÉ	/5
☐ PERSISTANCE	/5	☐ EXPRESSION	/5

NOTES COMPLÉMENTAIRES

📅 DATE		COSTUME / TENUE	
🕐 DURÉE			
👟 STUDIO			
👤 PROF			

ÉTIREMENT	☐ 10 MIN	☐ 15 MIN	☐ 30 MIN	☐ > 30 MIN
ÉCHAUFFEMENT	☐ 10 MIN	☐ 15 MIN	☐ 30 MIN	☐ > 30 MIN

SÉANCE DU JOUR

N°	PAS & MOUVEMENTS	ÉVALUATION PERFORMANCE
①		1 2 3 4 5
②		1 2 3 4 5
③		1 2 3 4 5
④		1 2 3 4 5
⑤		1 2 3 4 5
⑥		1 2 3 4 5
⑦		1 2 3 4 5
⑧		1 2 3 4 5
⑨		1 2 3 4 5
⑩		1 2 3 4 5
⑪		1 2 3 4 5
⑫		1 2 3 4 5
⑬		1 2 3 4 5
⑭		1 2 3 4 5
⑮		1 2 3 4 5

FORCES

☐ ÉQUILIBRE	/5	☐ SOUPLESSE	/5
☐ TECHNIQUE	/5	☐ MUSICALITÉ	/5
☐ PERSISTANCE	/5	☐ EXPRESSION	/5

NOTES COMPLÉMENTAIRES

	DATE	COSTUME / TENUE
	DURÉE	
	STUDIO	
	PROF	

ÉTIREMENT	☐ 10 MIN	☐ 15 MIN	☐ 30 MIN	☐ > 30 MIN
ÉCHAUFFEMENT	☐ 10 MIN	☐ 15 MIN	☐ 30 MIN	☐ > 30 MIN

SÉANCE DU JOUR

N°	PAS & MOUVEMENTS	ÉVALUATION PERFORMANCE
1		1 2 3 4 5
2		1 2 3 4 5
3		1 2 3 4 5
4		1 2 3 4 5
5		1 2 3 4 5
6		1 2 3 4 5
7		1 2 3 4 5
8		1 2 3 4 5
9		1 2 3 4 5
10		1 2 3 4 5
11		1 2 3 4 5
12		1 2 3 4 5
13		1 2 3 4 5
14		1 2 3 4 5
15		1 2 3 4 5

FORCES

☐ ÉQUILIBRE	/5	☐ SOUPLESSE	/5
☐ TECHNIQUE	/5	☐ MUSICALITÉ	/5
☐ PERSISTANCE	/5	☐ EXPRESSION	/5

NOTES COMPLÉMENTAIRES

	DATE		COSTUME / TENUE
	DURÉE		
	STUDIO		
	PROF		

ÉTIREMENT	☐ 10 MIN	☐ 15 MIN	☐ 30 MIN	☐ > 30 MIN
ÉCHAUFFEMENT	☐ 10 MIN	☐ 15 MIN	☐ 30 MIN	☐ > 30 MIN

SÉANCE DU JOUR

N°	PAS & MOUVEMENTS	ÉVALUATION PERFORMANCE
1		1 2 3 4 5
2		1 2 3 4 5
3		1 2 3 4 5
4		1 2 3 4 5
5		1 2 3 4 5
6		1 2 3 4 5
7		1 2 3 4 5
8		1 2 3 4 5
9		1 2 3 4 5
10		1 2 3 4 5
11		1 2 3 4 5
12		1 2 3 4 5
13		1 2 3 4 5
14		1 2 3 4 5
15		1 2 3 4 5

FORCES

☐ ÉQUILIBRE /5   ☐ SOUPLESSE /5

☐ TECHNIQUE /5   ☐ MUSICALITÉ /5

☐ PERSISTANCE /5   ☐ EXPRESSION /5

NOTES COMPLÉMENTAIRES

	DATE	COSTUME / TENUE
	DURÉE	
	STUDIO	
	PROF	

ÉTIREMENT	☐ 10 MIN	☐ 15 MIN	☐ 30 MIN	☐ > 30 MIN
ÉCHAUFFEMENT	☐ 10 MIN	☐ 15 MIN	☐ 30 MIN	☐ > 30 MIN

SÉANCE DU JOUR

N°	PAS & MOUVEMENTS	ÉVALUATION PERFORMANCE
1		1 2 3 4 5
2		1 2 3 4 5
3		1 2 3 4 5
4		1 2 3 4 5
5		1 2 3 4 5
6		1 2 3 4 5
7		1 2 3 4 5
8		1 2 3 4 5
9		1 2 3 4 5
10		1 2 3 4 5
11		1 2 3 4 5
12		1 2 3 4 5
13		1 2 3 4 5
14		1 2 3 4 5
15		1 2 3 4 5

FORCES

☐ ÉQUILIBRE	/5	☐ SOUPLESSE	/5
☐ TECHNIQUE	/5	☐ MUSICALITÉ	/5
☐ PERSISTANCE	/5	☐ EXPRESSION	/5

NOTES COMPLÉMENTAIRES

📅 **DATE**				**COSTUME / TENUE**
⏱ **DURÉE**				
💃 **STUDIO**				
👤 **PROF**				

ÉTIREMENT	☐ 10 MIN	☐ 15 MIN	☐ 30 MIN	☐ > 30 MIN
ÉCHAUFFEMENT	☐ 10 MIN	☐ 15 MIN	☐ 30 MIN	☐ > 30 MIN

SÉANCE DU JOUR

N°	PAS & MOUVEMENTS	ÉVALUATION PERFORMANCE
①		1 2 3 4 5
②		1 2 3 4 5
③		1 2 3 4 5
④		1 2 3 4 5
⑤		1 2 3 4 5
⑥		1 2 3 4 5
⑦		1 2 3 4 5
⑧		1 2 3 4 5
⑨		1 2 3 4 5
⑩		1 2 3 4 5
⑪		1 2 3 4 5
⑫		1 2 3 4 5
⑬		1 2 3 4 5
⑭		1 2 3 4 5
⑮		1 2 3 4 5

FORCES		NOTES COMPLÉMENTAIRES
☐ ÉQUILIBRE /5 ☐ SOUPLESSE /5		
☐ TECHNIQUE /5 ☐ MUSICALITÉ /5		
☐ PERSISTANCE /5 ☐ EXPRESSION /5		

📅 DATE	COSTUME / TENUE
🕐 DURÉE	
🩰 STUDIO	
👤 PROF	

ÉTIREMENT	☐ 10 MIN	☐ 15 MIN	☐ 30 MIN	☐ > 30 MIN
ÉCHAUFFEMENT	☐ 10 MIN	☐ 15 MIN	☐ 30 MIN	☐ > 30 MIN

SÉANCE DU JOUR

N°	PAS & MOUVEMENTS	ÉVALUATION PERFORMANCE
1		1　2　3　4　5
2		1　2　3　4　5
3		1　2　3　4　5
4		1　2　3　4　5
5		1　2　3　4　5
6		1　2　3　4　5
7		1　2　3　4　5
8		1　2　3　4　5
9		1　2　3　4　5
10		1　2　3　4　5
11		1　2　3　4　5
12		1　2　3　4　5
13		1　2　3　4　5
14		1　2　3　4　5
15		1　2　3　4　5

FORCES

☐ ÉQUILIBRE	/5	☐ SOUPLESSE	/5
☐ TECHNIQUE	/5	☐ MUSICALITÉ	/5
☐ PERSISTANCE	/5	☐ EXPRESSION	/5

NOTES COMPLÉMENTAIRES

📅 DATE		COSTUME / TENUE	
🕐 DURÉE			
👟 STUDIO			
👤 PROF			

ÉTIREMENT	☐ 10 MIN	☐ 15 MIN	☐ 30 MIN	☐ > 30 MIN
ÉCHAUFFEMENT	☐ 10 MIN	☐ 15 MIN	☐ 30 MIN	☐ > 30 MIN

SÉANCE DU JOUR

N°	PAS & MOUVEMENTS	ÉVALUATION PERFORMANCE
①		1 2 3 4 5
②		1 2 3 4 5
③		1 2 3 4 5
④		1 2 3 4 5
⑤		1 2 3 4 5
⑥		1 2 3 4 5
⑦		1 2 3 4 5
⑧		1 2 3 4 5
⑨		1 2 3 4 5
⑩		1 2 3 4 5
⑪		1 2 3 4 5
⑫		1 2 3 4 5
⑬		1 2 3 4 5
⑭		1 2 3 4 5
⑮		1 2 3 4 5

FORCES

☐ ÉQUILIBRE	/5	☐ SOUPLESSE	/5
☐ TECHNIQUE	/5	☐ MUSICALITÉ	/5
☐ PERSISTANCE	/5	☐ EXPRESSION	/5

NOTES COMPLÉMENTAIRES

	DATE	COSTUME / TENUE
	DURÉE	
	STUDIO	
	PROF	

ÉTIREMENT	☐ 10 MIN	☐ 15 MIN	☐ 30 MIN	☐ > 30 MIN
ÉCHAUFFEMENT	☐ 10 MIN	☐ 15 MIN	☐ 30 MIN	☐ > 30 MIN

SÉANCE DU JOUR

N°	PAS & MOUVEMENTS	ÉVALUATION PERFORMANCE
1		1 2 3 4 5
2		1 2 3 4 5
3		1 2 3 4 5
4		1 2 3 4 5
5		1 2 3 4 5
6		1 2 3 4 5
7		1 2 3 4 5
8		1 2 3 4 5
9		1 2 3 4 5
10		1 2 3 4 5
11		1 2 3 4 5
12		1 2 3 4 5
13		1 2 3 4 5
14		1 2 3 4 5
15		1 2 3 4 5

FORCES

☐ ÉQUILIBRE	/5	☐ SOUPLESSE	/5
☐ TECHNIQUE	/5	☐ MUSICALITÉ	/5
☐ PERSISTANCE	/5	☐ EXPRESSION	/5

NOTES COMPLÉMENTAIRES

		COSTUME / TENUE
📅 DATE		
🕐 DURÉE		
🩰 STUDIO		
💂 PROF		

ÉTIREMENT	☐ 10 MIN	☐ 15 MIN	☐ 30 MIN	☐ > 30 MIN
ÉCHAUFFEMENT	☐ 10 MIN	☐ 15 MIN	☐ 30 MIN	☐ > 30 MIN

SÉANCE DU JOUR

N°	PAS & MOUVEMENTS	ÉVALUATION PERFORMANCE
1		1 2 3 4 5
2		1 2 3 4 5
3		1 2 3 4 5
4		1 2 3 4 5
5		1 2 3 4 5
6		1 2 3 4 5
7		1 2 3 4 5
8		1 2 3 4 5
9		1 2 3 4 5
10		1 2 3 4 5
11		1 2 3 4 5
12		1 2 3 4 5
13		1 2 3 4 5
14		1 2 3 4 5
15		1 2 3 4 5

FORCES

☐ ÉQUILIBRE /5	☐ SOUPLESSE /5
☐ TECHNIQUE /5	☐ MUSICALITÉ /5
☐ PERSISTANCE /5	☐ EXPRESSION /5

NOTES COMPLÉMENTAIRES

📅 DATE	**COSTUME / TENUE**
🕐 DURÉE	
👯 STUDIO	
🧑 PROF	

ÉTIREMENT	☐ 10 MIN	☐ 15 MIN	☐ 30 MIN	☐ > 30 MIN
ÉCHAUFFEMENT	☐ 10 MIN	☐ 15 MIN	☐ 30 MIN	☐ > 30 MIN

SÉANCE DU JOUR

N°	PAS & MOUVEMENTS	ÉVALUATION PERFORMANCE
①		1 2 3 4 5
②		1 2 3 4 5
③		1 2 3 4 5
④		1 2 3 4 5
⑤		1 2 3 4 5
⑥		1 2 3 4 5
⑦		1 2 3 4 5
⑧		1 2 3 4 5
⑨		1 2 3 4 5
⑩		1 2 3 4 5
⑪		1 2 3 4 5
⑫		1 2 3 4 5
⑬		1 2 3 4 5
⑭		1 2 3 4 5
⑮		1 2 3 4 5

FORCES

☐ ÉQUILIBRE	/5	☐ SOUPLESSE	/5
☐ TECHNIQUE	/5	☐ MUSICALITÉ	/5
☐ PERSISTANCE	/5	☐ EXPRESSION	/5

NOTES COMPLÉMENTAIRES

📅 DATE		COSTUME / TENUE		
🕐 DURÉE				
🩰 STUDIO				
👤 PROF				

ÉTIREMENT	☐ 10 MIN	☐ 15 MIN	☐ 30 MIN	☐ > 30 MIN
ÉCHAUFFEMENT	☐ 10 MIN	☐ 15 MIN	☐ 30 MIN	☐ > 30 MIN

SÉANCE DU JOUR

N°	PAS & MOUVEMENTS	ÉVALUATION PERFORMANCE
①		1 2 3 4 5
②		1 2 3 4 5
③		1 2 3 4 5
④		1 2 3 4 5
⑤		1 2 3 4 5
⑥		1 2 3 4 5
⑦		1 2 3 4 5
⑧		1 2 3 4 5
⑨		1 2 3 4 5
⑩		1 2 3 4 5
⑪		1 2 3 4 5
⑫		1 2 3 4 5
⑬		1 2 3 4 5
⑭		1 2 3 4 5
⑮		1 2 3 4 5

FORCES

☐ ÉQUILIBRE	/5	☐ SOUPLESSE	/5
☐ TECHNIQUE	/5	☐ MUSICALITÉ	/5
☐ PERSISTANCE	/5	☐ EXPRESSION	/5

NOTES COMPLÉMENTAIRES

	DATE	COSTUME / TENUE
	DURÉE	
	STUDIO	
	PROF	

ÉTIREMENT	☐ 10 MIN	☐ 15 MIN	☐ 30 MIN	☐ > 30 MIN
ÉCHAUFFEMENT	☐ 10 MIN	☐ 15 MIN	☐ 30 MIN	☐ > 30 MIN

SÉANCE DU JOUR

N°	PAS & MOUVEMENTS	ÉVALUATION PERFORMANCE
1		1 2 3 4 5
2		1 2 3 4 5
3		1 2 3 4 5
4		1 2 3 4 5
5		1 2 3 4 5
6		1 2 3 4 5
7		1 2 3 4 5
8		1 2 3 4 5
9		1 2 3 4 5
10		1 2 3 4 5
11		1 2 3 4 5
12		1 2 3 4 5
13		1 2 3 4 5
14		1 2 3 4 5
15		1 2 3 4 5

FORCES

☐ ÉQUILIBRE	/5	☐ SOUPLESSE	/5
☐ TECHNIQUE	/5	☐ MUSICALITÉ	/5
☐ PERSISTANCE	/5	☐ EXPRESSION	/5

NOTES COMPLÉMENTAIRES

📅 DATE		COSTUME / TENUE
🕐 DURÉE		
🩰 STUDIO		
🧑 PROF		

	10 MIN	15 MIN	30 MIN	> 30 MIN
ÉTIREMENT	☐	☐	☐	☐
ÉCHAUFFEMENT	☐	☐	☐	☐

SÉANCE DU JOUR

N°	PAS & MOUVEMENTS	ÉVALUATION PERFORMANCE
1		1 2 3 4 5
2		1 2 3 4 5
3		1 2 3 4 5
4		1 2 3 4 5
5		1 2 3 4 5
6		1 2 3 4 5
7		1 2 3 4 5
8		1 2 3 4 5
9		1 2 3 4 5
10		1 2 3 4 5
11		1 2 3 4 5
12		1 2 3 4 5
13		1 2 3 4 5
14		1 2 3 4 5
15		1 2 3 4 5

FORCES

☐ ÉQUILIBRE	/5	☐ SOUPLESSE	/5
☐ TECHNIQUE	/5	☐ MUSICALITÉ	/5
☐ PERSISTANCE	/5	☐ EXPRESSION	/5

NOTES COMPLÉMENTAIRES

📅 DATE	COSTUME / TENUE
🕐 DURÉE	
💃 STUDIO	
🧑 PROF	

ÉTIREMENT	☐ 10 MIN	☐ 15 MIN	☐ 30 MIN	☐ > 30 MIN
ÉCHAUFFEMENT	☐ 10 MIN	☐ 15 MIN	☐ 30 MIN	☐ > 30 MIN

SÉANCE DU JOUR

N°	PAS & MOUVEMENTS	ÉVALUATION PERFORMANCE
1		1 2 3 4 5
2		1 2 3 4 5
3		1 2 3 4 5
4		1 2 3 4 5
5		1 2 3 4 5
6		1 2 3 4 5
7		1 2 3 4 5
8		1 2 3 4 5
9		1 2 3 4 5
10		1 2 3 4 5
11		1 2 3 4 5
12		1 2 3 4 5
13		1 2 3 4 5
14		1 2 3 4 5
15		1 2 3 4 5

FORCES

☐ ÉQUILIBRE /5   ☐ SOUPLESSE /5

☐ TECHNIQUE /5   ☐ MUSICALITÉ /5

☐ PERSISTANCE /5   ☐ EXPRESSION /5

NOTES COMPLÉMENTAIRES

	DATE	COSTUME / TENUE
	DURÉE	
	STUDIO	
	PROF	

ÉTIREMENT	☐ 10 MIN	☐ 15 MIN	☐ 30 MIN	☐ > 30 MIN
ÉCHAUFFEMENT	☐ 10 MIN	☐ 15 MIN	☐ 30 MIN	☐ > 30 MIN

SÉANCE DU JOUR

N°	PAS & MOUVEMENTS	ÉVALUATION PERFORMANCE
1		1 2 3 4 5
2		1 2 3 4 5
3		1 2 3 4 5
4		1 2 3 4 5
5		1 2 3 4 5
6		1 2 3 4 5
7		1 2 3 4 5
8		1 2 3 4 5
9		1 2 3 4 5
10		1 2 3 4 5
11		1 2 3 4 5
12		1 2 3 4 5
13		1 2 3 4 5
14		1 2 3 4 5
15		1 2 3 4 5

FORCES

☐ ÉQUILIBRE	/5	☐ SOUPLESSE	/5
☐ TECHNIQUE	/5	☐ MUSICALITÉ	/5
☐ PERSISTANCE	/5	☐ EXPRESSION	/5

NOTES COMPLÉMENTAIRES

📅 DATE	COSTUME / TENUE
🕐 DURÉE	
👯 STUDIO	
👮 PROF	

ÉTIREMENT	☐ 10 MIN	☐ 15 MIN	☐ 30 MIN	☐ > 30 MIN
ÉCHAUFFEMENT	☐ 10 MIN	☐ 15 MIN	☐ 30 MIN	☐ > 30 MIN

SÉANCE DU JOUR

N°	PAS & MOUVEMENTS	ÉVALUATION PERFORMANCE
①		1 2 3 4 5
②		1 2 3 4 5
③		1 2 3 4 5
④		1 2 3 4 5
⑤		1 2 3 4 5
⑥		1 2 3 4 5
⑦		1 2 3 4 5
⑧		1 2 3 4 5
⑨		1 2 3 4 5
⑩		1 2 3 4 5
⑪		1 2 3 4 5
⑫		1 2 3 4 5
⑬		1 2 3 4 5
⑭		1 2 3 4 5
⑮		1 2 3 4 5

FORCES

☐ ÉQUILIBRE /5	☐ SOUPLESSE /5
☐ TECHNIQUE /5	☐ MUSICALITÉ /5
☐ PERSISTANCE /5	☐ EXPRESSION /5

NOTES COMPLÉMENTAIRES

	DATE		COSTUME / TENUE
	DURÉE		
	STUDIO		
	PROF		

ÉTIREMENT	☐ 10 MIN	☐ 15 MIN	☐ 30 MIN	☐ > 30 MIN
ÉCHAUFFEMENT	☐ 10 MIN	☐ 15 MIN	☐ 30 MIN	☐ > 30 MIN

SÉANCE DU JOUR

N°	PAS & MOUVEMENTS	ÉVALUATION PERFORMANCE
1		1 2 3 4 5
2		1 2 3 4 5
3		1 2 3 4 5
4		1 2 3 4 5
5		1 2 3 4 5
6		1 2 3 4 5
7		1 2 3 4 5
8		1 2 3 4 5
9		1 2 3 4 5
10		1 2 3 4 5
11		1 2 3 4 5
12		1 2 3 4 5
13		1 2 3 4 5
14		1 2 3 4 5
15		1 2 3 4 5

FORCES		NOTES COMPLÉMENTAIRES
☐ ÉQUILIBRE /5	☐ SOUPLESSE /5	
☐ TECHNIQUE /5	☐ MUSICALITÉ /5	
☐ PERSISTANCE /5	☐ EXPRESSION /5	

	DATE		COSTUME / TENUE
	DURÉE		
	STUDIO		
	PROF		

ÉTIREMENT	☐ 10 MIN	☐ 15 MIN	☐ 30 MIN	☐ > 30 MIN
ÉCHAUFFEMENT	☐ 10 MIN	☐ 15 MIN	☐ 30 MIN	☐ > 30 MIN

SÉANCE DU JOUR

N°	PAS & MOUVEMENTS	ÉVALUATION PERFORMANCE
①		1 2 3 4 5
②		1 2 3 4 5
③		1 2 3 4 5
④		1 2 3 4 5
⑤		1 2 3 4 5
⑥		1 2 3 4 5
⑦		1 2 3 4 5
⑧		1 2 3 4 5
⑨		1 2 3 4 5
⑩		1 2 3 4 5
⑪		1 2 3 4 5
⑫		1 2 3 4 5
⑬		1 2 3 4 5
⑭		1 2 3 4 5
⑮		1 2 3 4 5

FORCES

☐ ÉQUILIBRE	/5	☐ SOUPLESSE	/5
☐ TECHNIQUE	/5	☐ MUSICALITÉ	/5
☐ PERSISTANCE	/5	☐ EXPRESSION	/5

NOTES COMPLÉMENTAIRES

Printed by Amazon Italia Logistica S.r.l.
Torrazza Piemonte (TO), Italy

51311055R00065